W0177703

# Langeweile

**Isabella Feimer**

übermorgen

# Langeweile

**Isabella Feimer**

*Denen gewidmet,*
*die mir Langeweile schenkten.*

„Was immer menschliches Leben, was immer in es eingeht, verwandelt sich sofort in eine Bedingung menschlicher Existenz."
*Hannah Arendt*

„I need to say that what I am to describe has no existence."
*Virginia Woolf*

# Inhalt

# Vorbemerkungen

## Fallbewegung

Du denkst an einen Beginn, der keinen Schritt in Richtung eines Endes geht, denkst an das Ewiggleiche, das sich wie so ein Himmel, den man immer nur im selben Ausschnitt sieht, dir täglich zeigt und mit seinen Wolken spottet, denkst an dein Lieblingslied, das du zu oft gehört hast und nicht mehr hören kannst, weil es dich an Bitteres erinnert, denkst an das Kinderspiel, das du, ein launiger Tag ist es gewesen, erfunden, dann nach und nach verlernt und bald darauf vergessen hast, du denkst dir ein Strickmuster aus, das so vertrackt ist, dass man, ob glatt oder verkehrt, zwangsläufig einen Fehler macht und Unform oder Loses produziert, stellst dir einen Wassertropfen vor, der sich aus dem Hahn bewegen will, noch tropft er nicht, noch ist er in seinem Wollen gefangen, dann denkst du Langeweile, spürst sie als eine Welle Ozean, die dich überrascht und mit sich zieht, obwohl der feuchte Sand die Füße fest umschließt, du wirbelst mit dem Sog, er zieht dich tief, tiefer in ein Für-Immer-Nichts hinein, denn „when you're bored – really bored – it feels like forever"[1]. Null-Linien-Langeweile weist weder Erinnerungsspuren noch Zukunftsfunken auf.

Eine Fallbewegung in ein Nichts hinein ist die Langeweile, ein Fallen aus der Zeit durch Zeit, die sich in die Länge zieht, *tempus fallendum*, die sich nicht und durch nichts vertreiben lässt, „wie Eis und Schnee den Leib, den sie umschlangen, verzehrt die Zeit mich mit der zähen Flut."[2]

## Auslassungen

Warum ich über Langeweile schreibe?

Jahre waren es, in denen ich mir eingeredet habe, dass mir nie langweilig sei, dass ich die Launen der Langeweile nicht kenne, der Geist wisse sich immer zu beschäftigen, selbst im Nichtstun sei er produktiv, so stellte und stemmte ich mich gegen Langeweile und ihre negative Konnotation, gegen ihren schlechten Ruf der Untätigkeit, mir dürfe nicht langweilig sein, redete ich mir als Kind meiner Zeit ein, nicht träge, nicht nutzlos. Doch mir darf und mir war. Langeweile, bin ich ehrlich, kenne ich von klein auf, in ihr bin ich groß geworden.

Ich schreibe über Langeweile, weil ich hinter die eigene Lüge blicken will, hinter die Täuschung, in der ich mich blenden ließ, und in die Auslassungen, die Lüge, Täuschung und Verweigerung mit sich brachten, auch weil ich der Langeweile einen Körper geben möchte, den ich ihr bislang verwehrt habe, weil ich sie durchschauen und entdecken möchte, verschlüsseln und poetisieren. „Boredom is the legitimate kingdom of the philanthropic", schrieb Virginia Woolf im September 1918 in ihr Tagebuch, den Menschenliebenden sei die Langeweile ihr rechtmäßiges Königreich, während die spitzzüngige Dorothy Parker bemerkte: „The cure for boredom is curiosity."

Ansichtssache Langeweile?

Eigene Neugierde – noch will ich sie nicht heilsam nennen – begleitet mich in das Thema, nimmt mich in seinen Wogen mit, im Tropfen, der im Fallen ist, um die Widerstände, die ihm schon spürbar anhaften, zu umschiffen, das voluminöse Eintönige, das seit Anbeginn der notierten Zeit durch die Gesellschaften, wohlgemerkt durch jene, die es sich leisten können, geistert.

Langeweile, das Gespenst ihrer jeweiligen Zeit?

Egal ob Geisterwesen oder nicht, Langeweile hat einen wandelbaren Charakter, hat viele Schichten, die sich über die Jahrhunderte übereinandergelegt haben, die sich am Zeitgeist nährten – Zeit und Langeweile gehen immer Hand in Hand, und Langeweile lässt auch manchen Raum, in dem man sich bewegt, verschwinden.

Ich schreibe über Langeweile, weil sie mich in ihrer Fülle mit Leere konfrontiert, mit der unerfüllten Suche nach dem Sinnhaftigkeit der Dinge und des Selbst, weil sie mich, wie es ihr eigen ist, auf mich zurückwirft, mir gleichermaßen Licht und Schatten zeigt.

Sinnliches will ich entlocken, das Vielstimmige, das aus ihr spricht und manchmal in ihr schweigt.

Auslassungen sind mir auch während meiner Recherche begegnet, in Gliedsätzen, Randnotizen und Fußnoten[3] stieß ich darauf, dass es nur wenige Auseinandersetzungen von Frauen, Wissenschaftlerinnen und Philosophinnen über die Langeweile gibt, und das bis in die Gegenwart hinein.

Dermaßen männlich von Philosophie und Kunst besetzt, liegt es nahe, sich mit Fokus auf den weiblichen Blick dem Thema zu nähern, Texte von Frauen in den Mittelpunkt zu stellen, die Werke von Künstlerinnen und Schriftstellerinnen – die Werke der Dichter, Denker und Künstler seien erwähnt, einige, ob ihrer historischen Relevanz, ausführlich besprochen –, aber auch fiktive Frauenfiguren in Hinblick auf Langeweile wahrzunehmen und die Frage zu stellen, wie das Weibliche in der

Langeweile, hier vor allem von Männern, betrachtet wird und wie sie selbige betrachtet und erfährt.

Gibt es einen geschlechterspezifischen Unterschied in der Erfahrung dieses Phänomens?

Ausgehend von der eigenen Positionierung, Selbstversuchen in Langeweile und einem Tag, den mich meine Freundin Eva, selbst Wissenschaftlerin, in diesem Zustand verbringen ließ und mich mit diesbezüglichen Wahrnehmungsansätzen überraschte, begann die Auseinandersetzung mit der Vielschichtigkeit der Langeweile in den weiblichen Stimmen. Diese Stimmen füllten die Auslassungen und führten mich in das Jetzt, das dieses Buch in seinen Splittern erzählen will.

## Modern Times

Um mit der zähen Flut der Langeweile in ihr Jetzt zu fallen, muss man zurück in die Geschichte schauen. Immer schon, so liegt die Vermutung nahe, war sie Bestandteil der abendländischen Kultur und zeigte sich als Beigeschmack saturierter Gesellschaften, als *malaise* mutiert im Zeitgeist der Epochen.

Die Römer kannten sie als *taedium vitae*, als Unlustempfindung im Überdruss, die Griechen als *melancholia*, Schwarzgalligkeit, die bereits bei Hippokrates Erwähnung findet und als Wehmut zu verstehen ist, „die der Betrachtung der Geschichte innewohnt, in der das

Vergangene als unwiederbringlich vergangen scheint"[4], und im theologischen Kontext des Mittelalters wurde in ihr die *acedia*, der Mittagsdämon der Sorglosigkeit, geweckt. Die Neuzeit schärfte den Begriff und gab dem Phänomen ihre bis in die Gegenwart gültigen Namen, boredom, Langeweile, ennui.[5]

Die Moderne, im Schatten der rauchenden Schornsteinschlote der Industrialisierung, veränderte das menschliche Sein in der Zeit und entzauberte die Welt, in der man sich nicht mehr verankert in Mythologie und Religion sah, die als kein Ganzes mehr betrachtet werden konnten, sondern lediglich in ihrer Fragmentierung. Langeweile wurde zum Fluch des modernen Menschen, der sich vom Alten abwendet und stets das Neue sucht, zur Krankheit des Individuums in ständiger Beschleunigung, zur Erfahrung ohne Eigenschaften.[6]

„Die Erfahrung ohne Eigenschaften ist die Plage des aufgeklärten Subjekts, dessen skeptische Distanz zu den Gewissheiten des Glaubens, der Überlieferung und der Empfindung die Unmittelbarkeit alltäglicher Sinnhaftigkeit aushöhlt oder unzugänglich macht"[7], schreibt die im Fach der Rhetorik beheimatete Wissenschaftlerin Elizabeth S. Goodstein, eine der wenigen Frauen, die über Langeweile geschrieben haben, und hält fest, dass das an den Ufern des Begehrens gestrandete, dem Sinnverlust ergebene und in der Angst vor Schlimmerem verhaftete moderne Subjekt die Langeweile selbst als Glauben sieht.[8]

Mittelbar wird die Langeweile in der Moderne die existenzbestimmende Realität, die Zutat jeglichen Fühlens, eine Figur, dem Subjekt gleichgesetzt, wie in Johann Nepomuk Nestroys „Der Zerrissene", die Zeit und Gesellschaft einen Spiegel vorhält: „Langweile heißt die enorm horrible Göttin, die gerade die Reichen zu ihrem Priestertum verdammt, Palais heißt ihr Tempel, Salon ihr Opferaltar, das laute Gamezen und das unterdrückte Gähnen ganzer Gesellschaften ist der Choral und die stille Andacht, mit der man sie verehrt."[9]

Ihre Stimmung wird sie.

## Heideggers Stimmung

Die Grundstimmung, die das Dasein im Ganzen verankert und die das Selbst auf sich zurückwirft und dabei entfremdet. Das Charakteristikum einer Epoche. Das Streben nach Freiheit über den Umweg der Angst. „Die tiefe Langeweile, in den Abgründen des Daseins wie ein schweigender Nebel hin- und herziehend, rückt alle Dinge, Menschen und einen selbst mit ihnen in eine merkwürdige Gleichgültigkeit zusammen"[10], stellte der deutsche Philosoph Martin Heidegger 1929 in seiner Vorlesung „Grundbegriffe der Metaphysik", inmitten der Moderne zwischen Existenzialismus und Nihilismus, fest und manifestiert die Langeweile, die ihn in seinem

Werk begleiten wird, als Stimmung, die das erstrebenswerte Nichts, ist man bereit, sich ihm zu stellen, in sich birgt. Als Vorstufe zur Angst, die als eine Art Brandbeschleuniger gesehen werden kann, um in den Kern des Daseins zu gelangen, schreibt Heidegger der Langeweile eine existenzbestimmende Bedeutung zu. „Wir ‚schweben' in Angst. Deutlicher: die Angst lässt uns schweben, weil sie das Seiende im Ganzen zum Entgleiten bringt."[11]

Auch unterteilt er die Langeweile in drei Formen. Das „Gelangweilt werden von etwas" steht im Zusammenhang mit einem äußeren Vorkommnis, wie etwa dem Warten auf einen Zug, und bezieht sich auf etwas oder jemanden, der einen langweilt. Das Selbst wird von der Zeit an sich hingehalten und sich der Leergelassenheit durch die Dinge gewahr. Das „Sich-langweilen bei etwas" verzichtet auf einen konkreten Anlass im Außen, setzt die Langeweile in den Kontext der Ungebundenheit, lässt das Selbst mit seiner Umgebung plätschern, sodass der Zeitvertreib misslingt und das Selbst sich in Leergelassenheit wiederfindet. Heidegger führt hierfür als Beispiel eine Abendgesellschaft an. Die dritte und tiefste Form der Langeweile, benannt als „es ist einem langweilig", konfrontiert das Selbst mit einem Selbst in Gleichgültigkeit, mit einer grundlosen Hingehaltenheit in der Zeit und mit der Nicht-Fülle, die den Raum besetzt.

„Daher stellt sich auch nicht mehr die Frage, was der Mensch in dieser tieferen Langeweile noch tut", fasst der deutsche Philosoph Philipp Wüschner zusammen, dessen Band „Die Entdeckung der Langeweile" Heidegger ins Zentrum seiner Analyse rückt, „alles und nichts. Es spielt keine Rolle, womit man beschäftigt ist, wenn man an einem Sonntagnachmittag durch eine Großstadt geht, und es einem plötzlich langweilig ist, sodass man innehalten muss, weil einem der Weg als das Ziel in diesem Moment der Langeweile abhandengekommen ist. Wie soll man nach Hause finden, wenn sich die tiefe Langeweile ereignet und man irgendwo, irgendwie verloren gegangen ist."[12]

Im sich verlierenden oder längst verloren habenden Selbst wird die tiefe Langeweile zum Ereignis, das, dargestellt in Ereignislosigkeit, jener Bereich ist, in dem Mensch und Sein einander in ihrem Wesen erreichen[13] und ein Wachwerden aus dem Dämmerschlaf der modernen Existenz ermöglichen kann. „Es geht darum, die Langeweile als Ermöglichung für ein anderes Begreifen des Da-seins zu erobern"[14], empfiehlt die Kommunikationsforscherin Mariella Schütz, sie als anderes Fenster zum Dasein zu sehen, und Heidegger, schreibt sie, sei diesen Weg gegangen.

# Andere Fenster

„Langeweile ist Ihr Fenster zur Zeit. Wenn sich dieses Fenster einmal öffnet, versuchen Sie nicht es zu schließen; im Gegenteil, öffnen Sie es so weit wie möglich." (Joseph Brodsky)

„Seinslage des Menschen; Unbeständigkeit, Langeweile, Unruhe." (Blaise Pascal)

„Nicht wenn es gefährlich ist, die Wahrheit zu sagen, findet sie am seltensten Vertreter, sondern wenn es langweilig ist." (Friedrich Nietzsche)

„Flucht ist unmöglich." (Siegfried Kracauer)

„Langeweile ist eine Wurzel alles Übels. Es ist recht sonderbar, dass Langeweile, die ihrerseits ein so ruhiges und stetiges Wesen ist, die Kraft hat, einen in Bewegung zu bringen." (Sören Kierkegaard)

„Immer wenn wir die Wiederholung der Natur nach anstreben ... stürzen wir uns in eine teuflische und schon fluchbeladene Versuchung, die nur in Verzweiflung oder Langeweile münden kann." (Gilles Deleuze)

„Sein Leben fühlen, sich vergnügen, ist also nichts als: sich kontinuierlich getrieben fühlen, aus dem gegenwärtigen Zustand herauszugehen." (Immanuel Kant)

„Only in deep boredom do we come across the very limit beyond which beings slide into nothing." (Parvis Emad)

Und: „Wer sich nie langweilt, kann nichts erzählen." (Walter Benjamin)

# Das Leben

## You can't run & you can't hide

Ein Mangel ist die Langeweile, egal aus welcher Perspektive man sie betrachtet, auch der Wunsch nach einem tröstlichen Nichts, einem Fallenlassen und danach, dass man aufgefangen wird, aber da gibt es kein Davonlaufen und kein Verstecken, abwarten musst du, aussitzen musst du sie, die unerträgliche Schwere, die auf und in dir lastet, das Gefühl, nutzlos zu sein, eine träge Masse, die sich kaum von der Stelle bewegt und nichts findet, woran sie sich klammern kann, und klammern willst du, dich festhalten können, Halt haben, um nicht in Bodenloses zu gleiten – *slide down into nothing* – in den Überdruss des Selbst, der dich Verluste, Verstöße und Versäumnisse spüren lässt, du seufzt, und mit dem tiefen Seufzer lässt du die Worte Charles Baudelaires aus dir tropfen: „Die Langeweile ist's! – Das Auge tränenreich raucht sie die Wasserpfeife, träumt vom Blutgericht. Kennst du das heikle Ungeheuer nicht."[15]

Heikles Ungeheuer Langeweile lässt das Herz die Wünsche weinen und die Seele spuckt dabei ihre Mängel aus – *heartland, wasteland* –, Herzland ist die Langeweile und auch Mülldeponie, ist all die Plätze, die man zu oft gesucht, besucht hat und in ihnen weilte, *places you've been too often and for too long*, denke ich, während mich der schmucklose Raum umschließt, seine graubeigen Wände, der graue Tisch, das Fenster im Rücken, und meine Freundin Eva, die mir gegenübersitzt.

Einen Tag Langeweile, sagte sie, wolle sie mir schenken, sodass sich Langeweile, vielleicht, wer weiß?, mir erfahrbarer macht, mir, sagte sie mit einem Lächeln, die ich Langeweile doch kaum kenne, in die Sinne setzt, aus ihnen könnte ich sie, vielleicht, wer weiß?, erzählen.

Der Tag hat eben erst begonnen, der Raum, dunkel wie er ist, schluckt den Sommermorgen, ich weiß nicht, was die Stunden dieses gemeinsamen Tages bringen werden, ich bin ein wenig aufgeregt, bin in Erwartungshaltung, im Warten, was da wohl kommen mag, spüre ich einen kleinen Fluchtinstinkt, ein klein bisschen Angst, was die Langeweile, die mich mit Sicherheit ereilen wird, mit mir macht. Wieder seufze ich, das Seufzen soll

mir meine kleine Angst ersticken, das Seufzen bringt
weitere Zeilen Baudelaires zurück:

„Der Himmel, schwer wie eines Deckels Last,
sinkt auf die Seele voll verhaltenem Weinen,
bleiern und dumpf hält er das All umfasst,
trüber als Nacht will uns der Tag erscheinen.
Es wandelt sich die Welt zum finstern Haus,
zum feuchten Kerker voller Angst und Schauer,
und flatternd, scheu wie eine Fledermaus
rennt Hoffnung sinnlos gegen Wand und Mauer.“[16]

## Baudelaire und Benjamin

„Schwermut“ heißt das Gedicht Charles Baudelaires,
dem die vorangegangenen Zeilen entnommen sind,
und es findet sich in seinem dichterischen Hauptwerk
„Les fleurs du mal“, einer Sammlung von etwa hundert
Gedichten, die Mitte des 19. Jahrhunderts veröffentlicht wurden und die die Literaturgeschichte gerne als
wegweisenden Ausgangspunkt moderner europäischer
Lyrik betrachtet. „Die Blumen des Bösen“ erzählen vom
Großstadtmenschen, der sich in der Grundstimmung
der *ennui* bewegt, sich in Widerwillen, Unlust und
Verdruss dem Dasein gegenüber entfremdet hat. Ein
Stück *mode de vie* ist dieses Werk; die Moderne ist in
ihm in Weltschmerz, Trübsinn, Melancholie und Spleen
als epochaler Seufzer eingefangen. Spleen, als einer der
Schlüsselbegriffe in Baudelaires Zeilen, versucht die mit

einem unbestimmten Groll ausgestattete Langeweile als charakteristischen Seelenzustand des modernen Menschen zu fassen, der von der Welt enttäuscht ist, Spleen, schreibt Walter Benjamin, sei „das Gefühl, das der Katastrophe in Permanenz spricht."[17]

Auch Benjamin verortet die zeitgeistige Langeweile im Großstadtmenschen, der nicht mehr und im Nichts verankert ist, Heimatlosigkeit ortet er in ihm und umgeben sei er nur noch von „toten Dingen", in einer von Arbeit bestimmten Welt, die sich in ihren Produktionsprozessen rücksichtslos beschleunigt. Dieser Welt, die von Fremdbestimmung und individueller Trägheit gezeichnet ist, stellt Benjamin den Flaneur und dessen privilegierte Beobachtungsposition entgegen. Der Flaneur hat alle Zeit der Welt, und er hat Zeit, die nicht als Dauer spürbar ist.

„Die Welt wird dem Flaneur durchsichtig, er steht am Scheideweg, sich der Langeweile hinzugeben und sich damit in die Reihe der toten Dinge einzugliedern, womit er im gleichen Augenblick für diese Dinge erblinden und die unirdische Beglückung des Irdisch-Werdens erleben würde, oder, ähnlich wie Odysseus vor den Sirenen, sich an die eigene Trauer zu ketten und den toten Dingen aus der Ferne die Treue zu halten"[18], führt Philipp Wüschner aus und lässt dabei bereits auf den positiven Aspekt der Langeweile blicken, die Möglichkeit, die in ihr steckt und die ihr auch Walter Benjamin zugesprochen hat. In der Zeit anhalten, heißt die Möglichkeit, eins mit ihr zu werden, eins – in weiterer Folge – mit ihr zu sein und dieses Eine nur aus sich sprechen lassen zu können.

*Anregung: Stellen Sie sich einen Moment lang vor, wie Odysseus an den Mast gekettet ist, wie Sie an Stelle seiner an den Mast gekettet wären, spüren Sie den Wind, hören Sie den Sirenengesang? ... Ich höre Wassertropfen – was hören Sie?*

Im „Passagenwerk" schreibt Benjamin: „Langeweile ist ein warmes graues Tuch, das innen mit dem glühendsten, färbigsten Seidenfutter ausgeschlagen ist. In dieses Tuch wickeln wir uns, wenn wir träumen. Dann sind wir in den Arabesken seines Futters zuhause. Aber der Schläfer sieht grau und gelangweilt darunter aus. Und wenn er dann erwacht und erzählen will, was er träumte, so teilt er meist nur diese Langeweile mit. Denn wer vermöchte mit einem Griff das Futter der Zeit nach außen zu kehren?"[19]

## Isolation

Ich denke den Flaneur Walter Benjamin, sein Innehalten in Lärm und Betriebsamkeit, den Geräuschen der Einsamkeit und des auf sich Zurückgeworfenseins, denke an die Schwellen, die ihn die Großstadt hat überschreiten lassen, versuche sie als Transgression von einer Langeweile in eine nächste zu visualisieren, Straßenschluchten, Hauskulissen, Überfülle und eigene Nichtigkeit, das Nichts der Seitengassen und der dunklen Hinterhöfe, das viel zu schnelle Sein, das mit der eigenen Langsamkeit, nein, Trägheit in Symbiose steht, denke das Zerwürfnis zwischen Sein und Raum und Sein und Zeit, dann an die Großstadt, die mich umgibt, die, gehüllt in graue Tücher, hinter den grauen Wänden liegt, denke, Kind dieser Großstadt bin ich, immer noch in ihrem Grau gefangen, auch ich flaniere sie und werde eins mit ihrer Langeweile, isoliert und gut verkittet, muss angstbesetzte, doch hingebungsvolle *Isolation* denken, wie sie Ian Curtis schwarzgekleidet sang, als

„a blindness that touches perfection / but hurts just like anything else."[20] *Isolation* der Langeweile als love song, bittersüße Hymne diesem Gefühl und seinem Nichts gewidmet, denke ich, Subjekt der Langeweile, das ich bin und die mir meine Zeit mitgegeben hat und immer noch in mein Dasein gibt, Langeweile, die mir die nächsten Stunden bringen werden: „Neuzeitliche Subjektivität konstituiert sich in einer sozialen Isolation, in der die Person auf sich zurückgeworfen ist und erst dadurch die für die existenzielle Langeweile bezeichnende innere Leere erfährt"[21], schreiben Renate Breuninger und Gregor Schiemann einführend in ihrem Lesebuch zur Langeweile, und dass man diese aus der Isolation

26

aufsteigende Langeweile aushalten müsse, solange, bis man in die Welt zurückkehren könne.

Ich denke Rückkehr, während Eva in ihrer Tasche kramt, denke Heimweh – im 18. Jahrhundert wird im Bairischen und Alemannischen der „langen Zeit" die Sehnsucht und das Heimweh als Bedeutung beigegeben[22] –, jenes Wort, das sich ursprünglich über den Begriff Langeweile legte und sich im Lauf der Zeit in Heimatlosigkeit verwandelte, denke Sehnsucht, die mir, gerade wenn ich mich langweile – mit der Welt, mit mir – am nächsten ist, Sehnsucht nach diesem Anderen, das sich mir nicht zeigen will. Sehnsucht in Tücher eingepackt oder eingenäht, und Langeweile zieht an ihren Fäden.

Dass das Umfeld die Langeweile produziert, denke ich, während Eva Verpacktes aus ihrer Tasche holt und mein Blick die Wände abtastet, ihre Gleichform, in der nichts zu entdecken ist. Der Raum an sich, den man nicht mit anderem besetzen kann, nicht bestellen wie ein Feld, nicht begrünen wie eine Hausfassade, der isolierte, in sich geschlossene, luftdicht verschlossene Raum, „das Dasein in diesen Räumen verfließt dann auch akzentlos wie das Geschehen in Träumen"[23] – Zeitalter, Großstadt, Zimmer gar –, lässt Langeweile wuchernd wachsen. „Bereit?", fragt Eva, wieder lächelt sie.

# Die Abramović -Methode

Bereit oder nicht einmal ansatzweise, *ready or far from anything close to it,* beobachte ich Eva, wie sie das Päckchen Reis öffnet und auf die Anhäufung schwarzer Linsen leert, die die Mitte des Tisches einnimmt – wie ein See, den graue öde Landschaft rahmt. Sie vermengt die weißen Körner mit der schwarzen Masse, greift in und streicht über sie. Auch in mir drängt das Bedürfnis, das Gemisch aus Reis und Linsen zu berühren, die Unform des Ungeheuers, das in ihm lauert. Ums Berühren geht es, sagt Eva, ums Befühlen der Langeweile, zwei Stunden hätte ich dafür Zeit, für zwei Stunden habe sie den Raum gemietet. Endlos, in Anbetracht dessen, was vor mir liegt – den Reis aus den Linsen zu zählen –, staut sich die Zeit, die noch nicht einmal begonnen hat, in meinem Inneren auf.

Das Reiszählen ist eine der vier Achtsamkeitsübungen der renommierten Performance-Künstlerin Marina Abramović, die den Willen stärken und Geduld und Erdung geben sollen. Die Methode umfasst 1 / *Wasser trinken* – so langsam wie möglich und in möglichst kleinen Schlucken soll das Wasser getrunken, dabei in seiner Beschaffenheit gespürt werden –, 2 / *Langsam gehen* – Abramović empfiehlt mindestens einmal im Monat einen *slowmotion walk* im Grünen, ziellos und im Wahrnehmen der Umgebung –, 3 / *In die Augen schauen* – der Blick des in Bewegungslosigkeit und in Stille ausharrenden Selbst ist auf die Augen des Gegenübers gerichtet, man schaut und vergisst die Zeit dabei – sowie 4 / *Reis zählen.* „Wenn du sagst, du machst es, dann machst du es ganz. Es ist quasi eine Frage von Leben und Tod", merkt die Künstlerin über das Reiszählen an, „wenn du nach der Hälfte abbrichst, hast du die gleiche Haltung auch im Leben."[24]

Marina Abramović beraumt dem Reiszählen sechs bis acht Stunden an, nach dieser Zeitspanne, deren entscheidender Punkt gekommen sei, wenn man die Übung zu hassen beginne und sich ärgere, wenn nach dem Ärger tiefe Ruhe und Gelassenheit in einen dringen und Zeit selbst zu existieren aufhöre, die Fähigkeit, Widerstände zu überwinden, gestärkt sei.[25]

Na dann, sagt Eva und lehnt sich zurück, ich atme durch und lehne mich in Richtung des Berges Reis und Linsen, der sich vor mir türmt und, jetzt schon, mit jedem Weiteratmen höher wird, eins, zwei, drei, jedes fünfte Reiskorn markiere ich auf einem Stück Papier mit einem Strich, sechs, sieben.

*Frage: Would you do it, too?*
*Ich würde jederzeit wieder …*

# Time isn't on my side

Schon nach nur wenigen Körnchen Reis zeigt sich mir Zeit als ausgetretener Pfad, als Rahmung einer Tätigkeit, die man wiederholt und wiederholt und wiederholt, die Uhr scheint still zu stehen und die mir auferlegte Zeit in ihrer Dauer tickt sich stattdessen weiter, „but the experience of empty, meaningless time in boredom isn´t rooted in our biology. It is the effect of imposing the schematism of clock time on the lived rhythms of human existence"[26], halte ich dagegen, nein, in unserer Biologie ist Langeweile nicht verwurzelt, auch nicht die Zeit, die unser Umfeld uns bestimmt.

Überblendung: Das Auferlegte im Außen verwandelt Zeit in Dauer, verlangsamt und verlangsamt sie, die Langeweile verwandelt Zeit in Dauer, verlangsamt und verlangsamt sie, Zeit wird zum Zustandswort. Empirisch nachgewiesen ist es, dass Langeweile eine gestörte Zeitwahrnehmung mit sich bringt und dass der Zeitverlauf als verlangsamt wahrgenommen wird, einhergehend mit der Schuld, Zeit zu verschwenden[27], und: „Ohne Beschäftigung mit einer sinnvollen Tätigkeit scheint demnach das Verfügen über eine sich endlos dahinschleppende Zeit zum unbefriedigenden Mittelpunkt des Bewusstseins zu werden."[28]

Zeit verliert in – scheinbar – sinnlosen Tätigkeiten, vor allem in der Wiederholung derselben, ihre Anhaltspunkte, und Langeweile setzt sich im Mangel am Sinnhaften, im Mangel an Abwechslung fest. Während ich weiterhin Reis zähle, zwölf, dreizehn, erinnere ich mich an sinnlose Tätigkeiten, in der Wiederholung ihrer Beschaffenheit gefangen, mit denen ich selbst mehr oder weniger (nicht) beschäftigt war, Jobs, die ich tun musste, um Geld zu verdienen, sei es am Fließband in einer Fabrik, in der ich Marillen für Marmelade entkernte, sei es im Lagerraum bei der Inventur des Schraubenbestands oder als Verkäuferin, die den Kund*innen die ewig gleichen Produkte mit den ewig gleichen, gespielt zwitschernden Sätzen angepriesen hat, lange, leere Tage waren das, langweilig in ihrem Außen, und Langeweile, eine, die am Existentiellen kratzte, besetzte mein Inneres. Ich erinnere mich: Als ich nach den Fließbandstunden nach Hause kam, habe ich, um der Unterforderung des Ewiggleichen entgegenzuwirken, Philosophie gelesen, als ich mein Verkäuferinnen-Kostüm ablegte, habe ich geschrieben; im Lesen und im Schreiben habe ich mir die Zeit zurückgeholt.

Stumm summe ich, dass Zeit an meiner Seite ist, *yes it is, yes it is,* dass ich sie aussitzen muss, die Zeit und die Langeweile, „wenn sich Routine einstellt", hat Marina Abramović über das Reiszählen gesagt, „wird es noch interessanter"[29], und versuche die Begrenzung Zeit und die Begrenzung Raum und die Begrenzung Tätigkeit, in der ich mich befinde, in den Worten Sören Kierkegaards zu sehen:

„Je mehr man sich begrenzt, umso erfinderischer wird man. Wer einsam auf Lebenszeit gefangen liegt, ist überaus erfinderisch, eine Spinne kann ihm zu großer Unterhaltung dienen."[30]

## Schwindel

Als wichtigster Vertreter des goldenen Zeitalters Dänemarks stellt Sören Kierkegaard den existenzphilosophischen Grundsatz auf, dass alle Menschen langweilig sind. Er bezeichnet die Langeweile als „Wurzel alles Übels", als aller Laster Anfang und als etwas, das man sich vom Leibe halten muss.[31]

Mit seinen diesbezüglichen Betrachtungen, die erst mit Ende des 19. Jahrhunderts und nach seinem Tod den dänischen Sprachraum verließen, beeinflusste er die Werke Nietzsches und Heideggers. Seinerseits wurde er, wie viele Existenzphilosophen der Moderne, von der Essaysammlung „Pensées" des Mitte des 17. Jahrhunderts lebenden französischen Philosophen, Mathematikers und Physikers Blaise Pascal begleitet. In den lesenswerten „Gedanken" definiert Pascal die Langeweile *(l'ennui)* als Teil der Seinslage des Menschen und über ihr Gegenteil, die Zerstreuung. Er schreibt: „So gramgebeugt der Mensch auch sein mag, wenn man ihn für irgendeine Zerstreuung gewinnen kann, ist er wäh-

rend jener Zeit glücklich, und so glücklich auch irgend-
ein Mensch sein mag, wenn er nicht von irgendeiner
Leidenschaft oder irgendeinem Vergnügen zerstreut
und ausgefüllt wird, die verhindern, dass sich Langeweile ausbreiten kann, so wird er bald betrübt und un-
glücklich sein. Ohne Zerstreuung gibt es keine Freude,
mit Zerstreuung gibt es keine Traurigkeit."[32]

Für Kierkegaard ist die Zerstreuung, also der Versuch,
der Langeweile zu entfliehen, etwas, das bloß noch tiefer
in die Langeweile hineinarbeite, das Leere, das bloß
noch weiter in die Leere führt, im Nichts der Langeweile
findet Zerstreuung keinen Widerhall. Langeweile, so
der Philosoph, sei jedoch auf Leere aufgebaut, „Langeweile ruht auf dem Nichts, welches sich durch das
Dasein schlingt, ihr Schwindel ist unendlich, gleich
jenem Schwindel, der sich erzeugt, wenn man in einen
unendlichen Abgrund niederblickt."[33]

Dem hier beschriebenen Schwindel haftet eine Art
Freiheit an, die Möglichkeit des Losgelassenseins, des
Fallens, ein Schwebezustand, der den Abgrund im Blick
hat, mit ihm und der eigenen Distanz zu ihm jedoch – so
etwas wie – spielt.

Im Nichts der Langeweile zeigt sich ein erster Funke
Möglichkeit.

## Wortkarg windstill

Noch bin ich ohne diesen Funken Möglichkeit, setze Striche, zähle wieder ein paar Körnchen Reis, kämpfe gegen das Gefühl der Leere an, sie sucht sich in mir festzusetzen, noch fühle ich mich mitten in Kierkegaards Schwindel gefangen, noch ziehe ich mit Heideggers undurchdringlichem Nebel hin und her, ich rücke hin und her, spüre, dass mein Körper nach Bewegung drängt, nach diesem Anderen, das Raum und Zeit in Langeweile ihm nicht geben können, nach Fülle und Erfüllung, die woanders – *I can't get no satisfaction* –, egal, in welchem woanders, auf mich warten könnten, dränge ich und gleichzeitig aus der Ungerechtigkeit der Welt hinaus, in der es weit mehr Linsen gibt als Reis, alleingelassen fühle ich mich – *I'm so lonely I could die* –, fühle, dass „Langeweile isoliert, vereinzelt, selbst dort noch, wo sie die Welt in Grau taucht. Also eine Konfrontation mit nichts oder mit dem Nichts oder mit etwas dieser Art. Vielleicht nur eine Bezeichnung für etwas, wofür es keinen Begriff gibt, eine Begegnung mit den Grenzen der Sprache"[34], und wortkarger wird die Landschaft selbst, wird ein Mangel.

Hineingezogen bin ich in dieses Selbst, das ich nicht sein möchte, nicht im Dunklen will ich sein, nicht in der „Windstille der Seele", wie Friedrich Nietzsche es beschrieben hat, nicht wartend, dass Langeweile zum Ereignis wird. Ich spüre Brüchigkeit, Zerrissenes der

„horriblen Göttin", Seelen-hin-und-her, Seele ist im Schwarzlicht eines Stroboskops gefangen.

Der Raum der Ungewissheit öffnet sich in mir, ein Anflug Angst bringt mich ins Zittern, und ich denke in den Worten Heideggers:

„Vielleicht endet alles in einer großen Verödung. Vielleicht kann es auch sein, dass die Verödung so weit reicht, dass die Bedürfnisse so sehr verflachen, dass er gar nicht mehr den inneren Zerfall und die Leere des Daseins spürt. Vielleicht kann auch anderes geschehen."[35]

Nein, noch kann ich der tiefen Langeweile, wie sie in mich kriecht, nichts entgegenhalten, ich denke, vielleicht sitze ich die Unendlichkeit aus, eine träge gewordene Unsterblichkeit, wie sie sich in Romanen findet, in „Orlando" von Virginia Woolf, in „Alle Menschen sind sterblich" von Simone de Beauvoir, Jahrhunderte, vielleicht schlafe auch ich im Rausch dieser Jahrhunderte ein:

wortkarg
windstill
ich tatenlos im Tun
zwischen zerstreuter Zeit
und
dem sich nicht ereignenden Augenblick[36]
meine Mängel wachsen
in der Landschaft Selbst.

*Anmerkung: Nur kurz, stellen Sie sich Unsterblichkeit vor ... das Ewige, das zu füllen wäre. Zeit, die kein Ablaufdatum hat. Wie würden Sie diese Zeit beleben?*

## I await

Reiskörner wie Tage, die nicht vergehen wollen, die sich mit aller Kraft gegen das Weiterticken der Zeit positionieren. *I'm waiting,* dass in diesen Tagen der Ereignislosigkeit – *waiting anxiously* – etwas passiert, die kleinste Kleinigkeit. Langeweile macht die Tage, denke ich, zu einem Buch, das geschlossen bleibt, ungelesene Tage, gefüllt mit dem Verlangen, einmal, einmal nur, das Buch zu öffnen, doch einzig der Vorsatz zählt, mit ihm das innere Drängen.

Über Tage, Wochen, Monate der Ereignislosigkeit schrieb auch die amerikanische Autorin Mary MacLane. „I await the Devil's coming" heißt MacLanes Werk, das sie 1901 verfasste und ein Jahr später unter dem Titel „The story of Mary MacLane" erstmals veröffentlicht wurde.[37]

Es sind tagebuchartige Prosaaufzeichnungen, die ihr Leben, im Innen wie im Außen, und ihre Heimatstadt Butte, Montana, dokumentieren und voll sind von ihrem Begehren, der empfundenen Leere – sie nennt es: „the misery of nothingness" – zu entkommen. „I am deadly, deadly tired of my unhappiness"[38] steht bereits zu Beginn des Textes geschrieben, „I long unspeakably for happiness. And so I await the Devil's coming."[39]

Provokant und schonungslos sind die Beschreibungen der *nothingness* der neunzehnjährigen MacLane, der Heimatort nichts als Ödnis, die Menschen in ihrem Umfeld von Einfältigkeit gezeichnet und „the world is made up mostly of nothing."[40]

„What is the wind?
Nothing.
What is the sky?
Nothing.
What do we know?
Nothing.
What is fame?
Nothing.
What is my heart?
Nothing.
What is my soul?
Nothing.
What are we?
We are nothing"[41], stellt sie trocken fest, stellt jedoch diesem großen *nothing* – und das ist eine der Besonderheiten dieses Textes – sich selbst gegenüber, sich, die viel zu kluge, viel zu wissende, alles durchschauende, luzide Persönlichkeit mit einer *unusual intensity of life* in ihr, als Antagonistin des Nichts. Nur der Teufel, schreibt sie, käme er und mache sie zur Frau, könnte das Nichts und die *unhappiness* beenden.

„My heart is filled with desire. My soul is filled with passion. My life is a life of longing"[42], schreibt sie und wünscht sich den Teufel als Ereignis herbei, das sie, und sei es nur für wenige Tage, aus der *nothingness* befreit. Doch nicht nur die Gesellschaft und körperliche Liebe des Teufels wünscht sie sich, auch nach der Gesellschaft und Liebe einer Frau, der *Anemone Lady,* die Butte längst verlassen hat, verzehrt sie sich in bittersüßen Worten. „The only time I could ever be happy would be not when I was really happy, but just the instant before that happiness",[43] sagte MacLane in einem Interview, das der Veröffentlichung ihres Buches folgte, und ihr Buch erzählt genau das, das Sein und das Warten im Moment vor einer *happiness.* Die Erwartungshaltung ist mit Glück ausstaffiert.

Da ist Genuss in dieser Leere, auch in der Langeweile lauert er, ein perfides Auskosten des Begehrens, das sich noch nicht erfüllt hat, ein kleiner Schmerz, der auch lustvoll ist.

„There will always be a lacking, a wanting – some dead branches that never grew leaves. It is not deaths and murders and plots and wars that make life tragedy. It is nothing that makes life tragedy. It is day after day, and year after year, and nothing. It is a sunburned little hand reached out and nothing put into it"[44], immer dieses Wollen, tote Äste, die ins Leere greifen, windstill tote Dinge, die das Nichts erfüllen, Tag um Tag und Jahr um Jahr. Ich denke, wie modern MacLanes Text doch ist, ihr Selbstporträt des Aufbegehrens gegen Langeweile, gegen die Zeit, in die man hineingeworfen ist, wie unser aller Jetzt berührend, sonnenverbrannte kleine Hand, die nach dem Nichts des Gegenwärtigen greifen will.

# Das Nichts

## Warum warten

Ich frage mich, warum bis zum Ende dieses Buches warten, um die Gegenwart zu erzählen?, jetzt drängt sie sich auf, klopft aus der Vergangenheit gar nicht allzu leise an. Gegenwart ist, dass ich diese Zeilen schreibe, in denen die Langeweile allmählich einen Körper bekommt, Gegenwart ist, dass ich Reis zähle, ein paar hundert Körnchen gezählt habe und Eva mir lesend (zeitvertreibend) gegenübersitzt, und Gegenwart ist auch die Pandemie, die Tag für Tag, Monat für Monat, Jahr für Jahr unser Sein bestimmt.

Ein Warten und Aussitzen war es und ist es mitunter immer noch (Stichwort: *trending topic* Langeweile in der Pandemie), eine auferzwungene Untätigkeit, vor

allem dann, wenn Lockdowns unser Leben takten, abgeriegelt von der Außenwelt sind wir und – als spräche
man die Definition tiefer Langeweile – zurückgeworfen
in das Selbst.

Auf die Frage, ob sich ihr Blick auf Langeweile durch
die Pandemie verändert hätte, sagte Eva, dass die Be-
schränkungen im Außen sie zum wenigen Tun verurteilt hätten, die Wahrnehmung von Zeit und Tun hätte
sich verändert, Langeweile selbst hätte es nicht. Auch
andere Befragte, Künstlerinnen nahmen dazu Stellung.
Anna Rottensteiner, Schriftstellerin und Leiterin des
Literaturhaus am Inn, schrieb mir: „Ich habe die Zeit,
vor allem im inneren Erleben, als sehr angespannt erfahren. Und da kann keine Langeweile aufkommen.
Langeweile beinhaltet ein Losgelöstsein – im Positiven
wie im Negativen. Ein Freisein von. Im Positiven wie im
Negativen. Und in der Pandemie habe ich mich auf pa-
radoxe Art und Weise sehr verbunden gefühlt mit der
Welt ‚draußen‘, obwohl direkter Kontakt nur in sehr
eingeschränktem Maß möglich war. Doch wir waren
alle sehr aufeinander angewiesen, auf das Verhalten der
‚anderen‘ da draußen, die genauso drinnen waren wie
wir. Und durch die Fenster schauten. Und durch die
Finger schauten und die Zeit hindurchrinnen sahen.“[45]

Claudia Bitter, Schriftstellerin und bildende Künstlerin, stellte fest: „In manchen Phasen der Pandemie
war mir öfter langweilig, die Impulse von außen haben

gefehlt, was manchmal zu einer gewissen Leere geführt hat, die aber auch etwas Bereinigendes hatte, mich mir selber wieder näherbrachte."[46]

Und die bildende Künstlerin Käthe Schönle antwortete mir: „Die Pandemie war für Menschen mit Kindern und Betreuungspflicht das Gegenteil von langweilig. Es gab wahrscheinlich eher eine Sehnsucht nach dem Gefühl, dass einem langweilig ist – man nicht weiß, was man tun könnte."[47]

*Anmerkung: Der Streaming-Dienst Netflix ließ eine Anthologieserie produzieren, bei der sich siebzehn Filmemacher\*innen im Lockdown mit dem Lockdown auseinandergesetzt haben. In seinem amüsanten Kurzfilm lässt Paolo Sorrentino den Papst (eine Actionfigur im Dialog mit jener von Queen Elisabeth) sagen: „Wir sind alle gelangweilt."*

*Intimes, Dystopisches, Verspieltes und Blicke aus dem Fenster sind in* Homemade *zu sehen und mit dem eigenen Erfahrenen zu verknüpfen.*

Im Jetzt des Schreibens und des Reiszählens denke ich darüber nach, ob sich mein Blick auf die Langeweile durch die Pandemie verändert hat, und eine erste schnelle Antwort ließe mich die Frage verneinen. Auch ich war, vor allem in der Ungewissheit der Lockdown-Situationen, eher angespannt, nicht frei, mich einem

Nichtstun hingeben zu können, nicht losgelöst von der Welt, die mich umgab. Eine zweite Antwort ließe mich die Frage jedoch bejahen: Die Pandemie hat mir die Langeweile in mein Bewusstsein zurückgebracht; das Innen hat intensiver auf Leere, einem Verweilen in dieser Leere und auch auf Angst reflektiert, die aus der Leere keimte. Im Warten saß die Angst, „ihr Atem zittert ständig durch das Dasein."[48]

## Survival Manual

Während das Innen mit Leere besetzt war, angstzitternd und zeitverzerrend, das Selbst als Tier im Käfig, als Rilkes Panther[49], müde geworden hinter den Stäben, die seine Welt sind und die seine Welt kleiner gemacht haben mit jedem Schritt, mürbe geworden der wilde Wille, betäubt wie eben jener Panther seine eingegrenzten Bahnen zog und Begegnungen als Quelle der Inspiration und Motivation schmerzlich vermisste, präsentierte das Internet via Social-Media-Kanälen und Online-Magazinen eine Unzahl von Möglichkeiten, der Lockdown-Langeweile zu entkommen. Als eine Art *survival manual* wurden Tipps und Tricks verraten, wie die Langeweile, ist man zu Hause eingesperrt, vertrieben werden könne: Brot backen, putzen, Yoga oder eine Sprache lernen, die man schon immer lernen wollte, und das Streamen wurde zum Tor zur Welt. Vorschläge, wie man die Kinder beschäftigt, Anregungen, wie man die auf die Pandemie fokussierten Gedanken zerstreut: Das Spazieren stand hoch im Kurs. Auch ich spazierte, sei es in der Wohnung auf und ab oder in der näheren Umgebung, jenen Radius, der gestattet war. Beinahe täglich spazierte ich, bis das Spazieren selbst – als Tätigkeit, als Wiederholung der stets selben Tätigkeit, ohne dass sich das Umfeld dabei änderte – mir langweilig geworden war. „Wer sich langweilt, will etwas anderes", stellt der Medien- und Kommunikationstheoretiker Norbert Bolz in einem Essay fest, „Langeweile bewegt, dass man das Leben nicht auf Selbsterhaltung reduzieren kann."[50]

Selbsterhaltung, als Aufrechterhaltung eines stabilen Selbst gesehen, hat uns auch in den Abriegelungen der Pandemie begleitet, die Langeweile hat uns vermehrt heimgesucht. „Wir sind aus unserem Umfeld und unseren Tätigkeiten herausgerissen, die wir uns im Laufe der Zeit angeeignet haben und als für uns passend empfinden. Stattdessen sind wir mit neuen Situationen konfrontiert, wir sind überfordert vom Homeoffice mit der ganzen Familie um uns herum. Dann schalten wir mental einfach ab und es entsteht Langeweile im Zusammenhang mit Ärger. Oder wir sind unterfordert, weil wir nicht wissen, was wir konkret machen sollen. Zentral ist auch, dass die Valenz, also die Wichtigkeit der Dinge und Tätigkeiten wegfällt, weil uns das, was wir zu Hause machen, vielleicht nicht so sinnvoll erscheint"[51], schreibt der Psychologe Thomas Götz.

Von einem Außen bedingt festsitzend, ist es eine Herausforderung, der Langeweile Gutes abzugewinnen, den Funken Möglichkeit.

Mein Funke Möglichkeit war es gewesen, auf meinen Wegen zu fotografieren, die Bilder, die ich machte, zeigten mir ein bisschen Welt. Ich wollte die Welt (das Draußen) nicht gänzlich aus den Augen verlieren, so hielt ich mich an den Details fest, die die Kameralinse einfing, und das Fotografieren (als aktives Tun) zwang mich, weiter in die Welt zu schauen, zu sehen, was im Außen war, und die Bilder selbst (auch sie später zu betrachten) rissen mich aus meiner langen Weile.

*Frage: Verraten Sie mir, was Sie – abgeriegelt – getan haben, womit Sie beschäftigt waren?*

## Abwesenheit

Aussitzen musst du sie, aushalten, die Langeweile, nachdem du geputzt, gebacken, gestreamt, in anderen Sprachen gesprochen und deine Runde um den Block geendet hast, den Überfall Langeweile, der dir den Boden unter den Füßen und manchmal die Luft zum Atmen nimmt, *you can't run,* kannst es tatsächlich nicht, die Füße tragen dich nicht mehr davon, *and you can't hide,* weißt nicht, wo du dich verstecken sollst, kein *safe house* ist die Langeweile, sie ist eine Bretterhütte, die dem Sturm nicht trotzen kann –

warum ich über Langeweile schreibe?

Weil die Pandemie sie mir in Form von Abwesenheit zurückgebracht hat.

Abwesenheit, die Weile, die bloß Hülle ist, der es an allem fehlt und mangelt. Ich frage mich, ob man sich nach ihr auch sehnen kann?, wann Langeweile ein Bedürfnis wird?, wann wieder?, dann, wenn die Welt erneut eine andere geworden ist?

Das Reiszählen erinnert mich an den Beginn der Pandemie, als sich Zeit in ihren Stunden verlaufen hatte, als Tage sowohl kurz wie lang gewesen waren, als der Schwebezustand, in dem ich mich befunden hatte, von Angst und Abwesenheit begleitet war und dem Wunsch nach etwas anderem, als alles, so der Anschein, fehlte, was mir bislang Zerstreuung gewesen war. Vielleicht, denke ich, hat die Erfahrung der Ein- und Abriegelungen das komplexe Thema Langeweile noch um ein Weiteres verkompliziert? Gerade in der Stadt, der Großstadt Wien, war Abwesenheit besonders spürbar, dann, wenn die Stadt im Blick aus dem Fenster zur Kulisse wird, sich mit nichts mehr, was ihr Charakter wäre, füllen kann, wenn die leere Stadt auf das leere Innere trifft. Und nicht nur zu einer gewissen Stunde hat sich der Mittagsdämon der *acedia* in das Selbst gesetzt.

*Acedia*, Sorglosigkeit, um den Begriff auszuführen, ist „das Zusammenspiel von innerer geistiger Haltung und äußerem Verhalten"[52], sie „wird als vorübergehender Defekt der christlichen Immunisierung durch Sabotage der inneren Haltung und damit als Sabotage des christlichen Erlösungsversprechens selbst zu einem teils theologisch so gravierenden Problem, dass sie von den Kirchenvätern zu einer schwerwiegenden Sünde erklärt wurde. Zu einem Dämon, welcher den Asketen in der Stunde seiner höchsten Verletzbarkeit anfällt."[53] Sie ist Mittagshitze, Überdruss und zornbegleitete Tatenlosigkeit, ist auch zeitvertreibende Phantasterei.

Sie sei, schrieb 2020 der Theologe Jonathan L. Zechner, der verlorene Name für die Emotion, die wir gerade fühlen. „We get distracted by social media, yet have a pile of books unread. We keep meaning to go outside but somehow never find the time. We're bored, listless, afraid and uncertain"[54], schreibt er in seinem Artikel und vernetzt das Jetzt mit dem *acedia*-Begriff, der seinen Ursprung bei den Wüstenmönchen hatte, „now, the pandemic and governmental responses to it create social conditions that approximate those of desert monks. No demons, perhaps, but social media offers a barrage of bad (or misleading) news. Social distancing limits physical contact. Lockdown constricts physical space and movement. Working from home or having lost work entirely both upend routines and habits. In these conditions, perhaps it's time to bring back the term."[55]

Was Zechner die Rückkehr der *acedia* nennt, bezeichnet der Journalist Adam Grant in einem Artikel der New York Times nur Monate später als *languishing*. *Languishing* umschreibt einen überwiegend negativ ausgerichteten Lebensstil, in dem das Gefangensein in Sinnlosigkeit und Unzugänglichkeit vorherrscht und Motivation und Konzentration beeinträchtigt sind. „Languishing is a sense of stagnation and emptiness. It feels as if you're muddling through your days, looking at your life through a foggy windshield", fasst Grant zusammen, „part of the danger is that when you're languishing, you might not notice the dulling of delight or the dwindling of drive. You don't catch yourself slipping slowly into solitude, you're indifferent to your indifference."[56]

Gleichgültig gegenüber der eigenen Gleichgültigkeit, *languishing:* ein Ort der Abwesenheit.

## Wüste

Denke ich Abwesenheit, denke ich an Wüste, denke, dass die Wüste ihre eigene Anwesenheit verschluckt, denke das Gleichgültige, das in den Blicken liegt, während diese über die Dünen und noch weitere, noch höhere Dünen ziehen, ich denke, dass Langeweile eine Art Wüste ist, nichts als Sand, der weiterzieht, um wieder –

andernorts – Sand zu sein, ich denke, wäre ich nicht mit Reiszählen beschäftigt, würde ich Eva fragen, ob sie sich noch an das Gefühl erinnert, als wir gemeinsam in einer Wüste waren, das Endlose, Endgültige, das Atem war und versinkende Schritte und selbst der Sternenhimmel mit seinen Schnuppen nährte diese lange Weile,

lange Weile Nichts

ich spüre sie

spüre die Sanduhr in mir

die stehengeblieben ist

kein Ticken mehr, nur Leere, denke mit Gaston Bachelard, „die Unermesslichkeit der erlebten Wüste findet ihren Widerhall in einer Unermesslichkeit des inneren Wesens", denke weiter, dass nicht jeder die Leere einer Wüste in sich erträgt, denke Butte, Montana, denke an Flauberts „Madame Bovary", die der Wüste ihrer Ehe entflohen war, an die Figuren Čechovs, denen selbst in Gesellschaft langweilig ist, denke, Woolfs „Mrs. Dalloway" gibt Parties, um die tickende Stille zu überdecken. Stille ist in mir. Und Langeweile. Sie ist der sandige Spiegel meiner Brüchigkeit.

Ich schreibe und ich zähle Reis, ich schreibe, dass ich Reis zähle, ich zähle Reis, um darüber zu schreiben, ich könnte auch Wüstensandkörner zählen oder Sterne des nachts, ich könnte mich an meine Wüsten erinnern, die ich bereist habe, an das repetierende Gefühl, in ihnen zu verschwinden, all das zu verlieren – und nicht in Trauer darüber sein –, was Bedeutung hat, an die Stille, die aus jeder Wüste spricht, gleich auf welchem Kontinent sie liegt. Ich könnte, wie ich es in einem Selbstversuch getan habe, fünfzigmal das Wort Langeweile notieren, in Großbuchstaben oder in geschwungener Schrift oder aus Sand, ich könnte mich, auch das habe ich einmal getan, auf den Fußboden legen und an die Decke starren, mehr nicht, nur an die Decke starren und warten, dass sich Unruhe in mich setzt, dass sich irgendetwas in meinem Körper regt, etwas klingt, was stumm gewesen war, wie jetzt, wie jetzt, im Schreiben und im Zählen, eins, zwei, beim fünften Reiskorn wird ein Strich gesetzt. Ich merke, dass ich versuche, ausschließlich die Reiskörner zu sehen, nicht mehr die Linsen, merke, dass in mir eine Abscheu gegen die Linsen wächst, ein leiser Hass, eine laute Wut auf jede einzelne Linse. Kein Schwebezustand mehr ist mir die Langeweile, ein Hohlraum stattdessen, ein „Vakuum, das Subjektivität aussaugt"[57] und Wut erzeugt. Die Wut sagt mir, ich werde scheitern, werde weiter und noch weiter und endlos durch die Wüste irren.

# Das Vakuum befüllen

Ich langweile mich.

Im Vakuum einer sinnlosen und scheinbar nicht enden wollenden Tätigkeit, die alles andere als stimulierend ist, langweile ich mich, bin ausgeliefert, bin im Blindflug über das Lala-Land der Langeweile.

Die Zeit hat sich schon längst gegen mich verschworen, der Raum, so scheint mir, ist enger und seine Wände sind grauer geworden, die Stadt, die Ablenkung bieten könnte, liegt weit hinter den Mauern dieses Hauses, ist man in Langeweile gefangen, kann man nicht so leicht in die Welt zurück.

*„Mark: The important thing for me right now, for my needs, is that this doesn't actually mean anything, you know."*[58]

Reizarmut, ein Schiffbruch ist die Langeweile, den man erfahren hat und gleichzeitig betrachtet, „habit is a great deadener" (Samuel Beckett) und „man lebt, wie Einer, der fortwährend Etwas versäumen könnte" (Friedrich Nietzsche), man nicht Zerstreuung, Spiel (das ist ein anderes Buch) –

Spaß, Spannung, smartphone, apps und games, von TikTok bis ich weiß nicht, was, shoppen, tickern und dann in irgendeiner timeline scrollen.

„Arzt: Was macht er den ganzen Tag?

Phaidra: Schlafen.

Arzt: Wenn er aufsteht.

Phaidra: Filme anschauen. Und Sex haben.

Arzt: Geht er mal aus?

Phaidra: Nein. Er ruft Leute an. Sie kommen vorbei. Sie haben Sex miteinander und verschwinden wieder."[59]

Ficken, chatten, etwas Kriminelles tun.

*„Gary: I've got this anger, right?*
*This great big fucking anger –*
*here in front of my eyes."*[60]

„Empirisch ist eindeutig nachgewiesen, dass Langeweile und die Neigung zu Langeweile mit einer ganzen Reihe psychosozialer Probleme wie etwa Alkohol- und Drogenmissbrauch oder Spielsucht verbunden sind."[61]

Ich wiederhole: shoppen, tickern, gamen, chatten, schlafen, ficken oder etwas Kriminelles tun. Auch in einen Krieg ziehen, um der Langeweile zu entkommen?, ich wiederhole: in einen Krieg?

„Es ist immer das gleiche, so langweilig, langweilig, langweilig. Es geschieht nichts, nichts, nichts. Wenn doch einmal etwas geschehen wollte, was nicht diesen faden Geschmack von Alltäglichkeiten hinterlässt. (...) Würden einmal wieder Barrikaden gebaut. Ich wäre der Erste, der sich darauf stellte, ich wollte noch mit der Kugel im Herzen den Rausch der Begeisterung spüren. Oder sei es auch nur, dass man einen Krieg begänne"[62], schrieb der deutsche Schriftsteller Georg Heym, kurz vor dem Ersten Weltkrieg. Es ist die Sehnsucht nach Bedeutung, nach einer großen Tat[63], nach einem Handeln eines sich in Handlungsarmut befindlichen Selbst.

*„Brian: There is so much fear, so much wanting. But we're all searching. Searching aren't we?"*[64]

„Alle menschlichen Nachfragen nach Lebenssinn, Glück, Solidarität oder Unverwechselbarkeit werden von der Industrie aufgegriffen, gefiltert und als ‚Nachfrage' auf dem Markt verstanden. Jedes Verlangen soll auf etwas Käufliches bezogen werden, und das Kaufen soll zu einem ‚Erlebnis' werden"[65], schreibt Martin Doehlemann in „Das Elend der modernen Konsum- und Entertainmentgesellschaft" – wobei wir wieder beim Shoppen wären (oder beim „Kriegen"?), dem Erlebnis, das sich gegen die Langeweile stellt.

Langeweile stellt sich jedoch vehement gegen das Erlebnis, sie ist der Widerstand im konsumüberreizten Überfluss, das Innehalten, auch wenn es schmerzhaft ist – *there is pain, there will be more pain,* und sie nährt im gleichen Atemzug auch all die „toten Dinge", nach denen wir uns, um sie zu fliehen, verzehren. Konsum im Overload als Espakismus und *we will amuse ourselves to / till death?*

Dazu Doehlemann: „Wenn die Dinge ebenso beliebig erscheinen wie die Worte hohl, die sie anpreisen, dann können Gefühle einer inneren Leere und Gleichgültigkeit, einer bohrenden existentiellen Langeweile mächtig werden: Alles ist großartig und alles ist nichts."[66]

*„Lulu: I like that ending (...) bit more?"*[67]

Ich wiederhole das Vakuum einer sinn-losen, nicht enden wollenden Tätigkeit, wiederhole Shoppen, Gamen, Chatten, den Exzess allseits, *there is pain, there is* Be-liebigkeit, in Wut erstickt, im Herzen, das eine Kugel frisst, survival mode de vie, alles großartig, alles nichts?

# Gewaltpotential

Kaum auszuhalten ist mein Hass auf die Linsen, ihre Menge und Masse, ihr dunkler Ozean, der sich um die Reiskörner schließt, sie schluckt. Ich schlucke, und aus meinem Hass heraus zittere ich das Bedürfnis, mit der Faust auf den Tisch zu schlagen, dabei aufzustampfen, zu schreien und die Linsenmasse vom Tisch zu wischen, wie ich es als Kind mit Spielfiguren gemacht habe, wenn ich dabei war, ein Spiel zu verlieren – mit einer einzigen Geste wäre das getan. Ich sehe zu Eva, versuche zu lächeln, ihr mitfühlender Blick gibt mir ein wenig Ruhe zurück und lässt mich weiterzählen. Im Zählen denke ich über das Gewaltpotential nach, das Langeweile mehr als latent in sich birgt, das Ewiggleiche einer Unter- und Überforderung, aus dem Verzweiflung sich in Gewalt verwandeln kann, die erlebnisorientierte Welt, die einem ein Zuviel an allem aufzwingen kann, in Verbindung gebracht mit dem Frust, sich nirgends zugehörig zu fühlen, in der Welt, wie sie ist, nicht verankert zu sein.

Alleingelassen im Nichtstun, hat Eva mir erzählt, haben manche Museumswärter*innen, auch Museumsgeister genannt, einen derartigen Hass auf die ausgestellten Kunstwerke gehabt, dass sie diese mutwillig beschädigt haben, und vermehrt habe ich in einigen Artikeln über Gewalttaten von Jugendlichen gelesen, dass der Motor zur Tat pure Langeweile gewesen war, das Nicht-Beschäftigtsein und der Wunsch nach einem „Kick", nach dem Erlebnis im Leerlauf des Alltäglichen. „Aus psychodynamischer Sicht entsteht Langeweile aus der Unfähigkeit, bewusst zu bestimmen, was gewünscht wird. Infolgedessen richtet die gelangweilte Person ihre Aufmerksamkeit in der Suche nach Befriedigung auf die Außenwelt, fühlt sich jedoch unvermeidlich beraubt und frustriert, wenn die Außenwelt das Problem nicht löst"[68], fassen John D. Eastwood, Alexandra Frischen, Mark J. Fenske und Daniel Smilek in ihrem Gemeinschaftswerk „Von der richtigen Lenkung der Aufmerksamkeit" zusammen, und dieses Statement lässt mich sogleich, unter anderem, an Chuck Palahniuks Roman „Fight Club" denken, in dessen Zeilen ein namenloser Protagonist seines Jobs und seines sinnlosen Konsums überdrüssig ist und aus dieser Lebenslangeweile heraus sich seine „Kicks" in organisierten Schlägereien und anderen Verrücktheiten – bis hin zu einem explosiven Showdown – sucht.

Ich muss auch an Elfriede Jelineks Roman „Die Kinder der Toten" denken, der den Geschichtsraum des Nationalsozialismus in die 90er Jahre bringt und seine Gewalt nachklingen lässt, Gewalt, die auch auf Grund fehlender Beschäftigung großen Nährboden hat, aus leerer Zeit und, aus meiner Sicht als Provokation zu lesen, dem Wünschen nach dem, was nicht (mehr) da ist.

Leere Zeit und besagtes Wünschen zeigen sich auch in den Bildern des Künstlerduos Muntean / Rosenblum. Markus Muntean und Adi Rosenblum werden oftmals vom Lebensstil der Jugendkultur inspiriert und inszenieren ihn auch in den Bildern; Isoliertheit trotz physischer Nähe, verlassene Plätze; Peripherie trifft auf das Gelangweilte. Textzeilen am unteren Rand des Bildes begleiten die verloren wirkende *ennui*, zum Beispiel:

„There are times when life seems not so great but better than anything else, and when you are happy to be alive, though not exactly ecstatic",

oder auch:

„Before we know it, too much time has passed and we've missed the chance to have had other people hurt us."

Da ist Gewaltpotential im Ausdruck der dargestellten Jugendlichen und ein *anything can happen.*

In der Peripherie, das weiß ich, weil ich dort aufgewachsen bin, *anything can happen*, so auch die Langeweile, und viel an ihr, die Nicht-Beschäftigung, das Warten auf ein Ereignis, das nie passiert. Man hat Dauer in der Peripherie, man lernt, vielleicht, mit dieser leeren Dauer umzugehen. Lernt man es nicht, besteht mehr als nur eine latente Gefahr, sich exzessiv zu zerstreuen, alles auszuprobieren, um der Langeweile und der mit ihr einhergehenden Sinnsuche zu entkommen. Ich erinnere mich.

Aber: *What happened in the Stadtpark,* im Pavillon beim Teich, soll dort auch bleiben.

*Anmerkung: Ohne Befriedigung und wenn er diese auf höherer Ebene nicht findet, schafft sich der Mensch selbst „das Drama der Zerstörung"[69], andere(s) und sich will er zerstören. Langeweile birgt das Risiko des Kontrollverlusts, aus der gefühlten Leere entwickelt sich – weil immer die Lust nach mehr, mehr, mehr – der Exzess, der alles sein kann – und davon mehr, mehr, mehr. Große Tugenden und große Laster, schreibt Erich Fromm in „Die Anatomie der menschlichen Destruktivität", die schöpferische Tätigkeit wie die Zerstörung[70], das träge die Langeweile in sich.*

## Boreout

Überforderung und Unterforderung vor allem – im Fall von „Fight Club" Konsum und Job – finden sich auch als Ursachen für das Krankheitsbild des „Ausgelangweilt-Sein". Im sogenannten Boreout-Syndrom haben Betroffene das Gefühl, das Leben ziehe an ihnen vorbei und eine diesbezügliche Ohnmacht, die mit der Langeweile einhergeht, führe zu Symptomen der Erschöpfung[71].

Niedergeschlagenheit, Depressionen, Antriebs- und Schlaflosigkeit, auch Infektionsanfälligkeit, Magenbeschwerden und Schwindelgefühle führen, so die Wiener Soziologin Elisabeth Prammer, weiter in eine

Negativspirale und ausweglos in einen Zustand der Angst. „Eine uninteressante Arbeit", schreibt Martin Doehlemann, „fördert auf Dauer eine allgemeine Interessenslosigkeit."[72] Wenn ewige Wiederholungen stattfinden, führt er aus, kommt es zu einer gleichgültigen Haltung der Arbeit gegenüber, diese „Gleichgültigkeit gegen eine Arbeit, die Selbstentfaltung behindert und innere Leblosigkeit erzwingt, geht einher mit Empfindungen von überdrüssiger oder existentieller Langeweile, die freilich an täglicher Hektik und ‚Stress‘ überdeckt wird."[73]

Und diese Langeweile, die Bestandteil einiger psychischer Krankheiten ist, man denke nur an die Depression, die ihren Ursprung in der Melancholie hat, wirft Schatten und nistet sich auch in die Freizeit ein.

## The Problem that has no Name

Die langen Schatten existentieller Langeweile hat auch die amerikanische Autorin Betty Friedan in ihrem 1963 erschienenen Buch „The Feminine Mystique" besprochen. Basierend auf eigener Erfahrung untersucht sie die Reduktion der Frau auf ihre Rolle als Hausfrau und Mutter im Amerika der 50er Jahre und nennt diesen Zustand „the problem that has no name"[74].

Sie schreibt: „The women who suffer this problem have a hunger that food cannot fill ... and women who think it will be solved by more money, a bigger house, a second car, moving to a better suburb, often discover it gets worse."[75] Sätze wie „I just don't feel alive" oder „Then you wake up one morning and there is nothing to look forward to" finden sich in den Interviews, die Friedan mit betroffenen Frauen geführt hat, „I feel empty somehow" oder „I feel like crying without any reason." Es sind Sätze, die in Scham gesprochen wurden, deren Ursache die Frauen auch nicht benennen konnten. Friedan jedoch benennt sie: Sie entstammen der Monotonie und Unausgefülltheit, die besagte Reduktion auf Heim und Herd mit sich brachte, die gleichzeitig eine Überforderung ist, ein Erfüllenmüssen von Tätigkeit nach Tätigkeit, „her day is fragmented; she can never spend more than fifteen minutes on any one thing; she has no time to read books, only magazines; even if she had time, she has lost the power to concentrate.[76]"

Intellektuelle Unterforderung ist es, die sich mit der Überforderung an Pflichten mengt, da die Hausfrau alles sein musste („wife, mistress, mother, nurse, consumer, cook, chauffeur; expert on interior decoration, child care, appliance repair, furniture refinishing, nutrition and education"[77]), nichts jedoch war, was ihr innere Erfüllung gab, was auf eigene Wünsche fokussierte.

„A German phrase echoed in my mind – ‚Kinder, Küche, Kirche', the slogan by which the Nazis decreed that women must once again be confined to their biological role. But this was not Nazi Germany. This was America. The whole world lies open to American women. Why then, does the image deny the world?"[78], fragt Friedan, fragt weiter, was aus der Gleichberechtigung der Frau, ihrem Recht auf Arbeit und intellektuelle Befriedigung geworden ist, „doing something, being somebody yourself, not just existing in and through others"[79], was aus der Weiblichkeit geworden ist, warum diese für sie selbst verloren ging.

*Auch die Pandemie, sei angemerkt, hat, bedingt durch Homeschooling und Homeoffice, die Frauen vermehrt zurück in ihr Heim gebracht, in die Überforderung eines von Tätigkeit zu Tätigkeit getakteten Tages, der kaum Zeit für Muße übrighat, geschweige denn für jene Langeweile, die der Seele Gutes tut.*

## Frauen

Auf meine Frage, ob Langeweile bei Frauen anders als bei Männern sei, schrieb mir Anna Rottensteiner: „Mich faszinieren seit jeher Abbildungen von Frauen, die aus dem Fenster schauen. Ich habe eines vor meinem inneren Auge. Es ist aus dem späten 19. Jahrhundert, bürgerliches Interieur, die Frau ist von hinten abgebildet, schwere pastöse Ölfarben, sie trägt ein hochgeschlossenes Kleid, Spitzenansätze am Hals und an den Ärmeln. Ihr Haar ist hochgesteckt. Ihre Haltung sehr gerade. Ich sehe ihr Gesicht nicht, kann den Gesichtsausdruck nur erahnen, und er ist mir sehr vertraut. Sie schaut auf ihren Garten, es ist Winterzeit, alles bedeckt unter einer dichten Decke aus Schnee, die kahlen Äste der Bäume recken sich in den Nebel, die Baumkronen verschwinden in ihm. Sie blickt auf die belebte Straße, wo in der aufkommenden Dunkelheit die ersten Straßenlampen entzündet werden, die Männer eilen durch die Straßen, heimwärts zu ihren Häusern, wo ihre Frauen an den Fenstern stehen und hinausblicken. In Erwartung. Es ist das Leben, das außen vorbeifließt, in einer langen unerreichbaren Weile für die Frau im Inneren. Und sie langweilt sich, denn es ist alles getan, was getan werden muss. Und weiter geht es für sie nicht."[80] Dass die Moderne die Langeweile für Frauen des Bürgertums zu einem „identitätsbildenden Motiv"[81] machte – bedingt durch die Auslagerung der Arbeit aus dem Haus –, fällt mir ein, auch, dass Elizabeth S. Goodstein in ihren Betrachtungen bemerkte: „Children and housewives are bored; ennui is for philosophers and poets."[82]

Ich denke – und man möge mich korrigieren –, dass Langeweile bei Frauen auch immer den Blick des Betrachters impliziert, dass ihr auch etwas zugeschrieben wird, hinzugedichtet, was ausschließlich im Blick liegt und nicht im Zustand der Langeweile selbst, ein Körper vielleicht oder sinnliche Attribute oder Erotisches. Ich denke hierbei an den berühmten Kupferstrich Albrecht

Dürers aus dem Jahr 1514, in dem die Melancholie als sinnende, beinahe schwermütig in sich versunkene Frau dargestellt ist, die sich vom Tagwerk abwendet; auch an viele Bilder des amerikanischen Malers Edward Hopper, der in ihnen Frauen in Einsamkeit und in stillstehender Zeit (zumeist mit Blick aus dem Fenster) porträtiert hat und sie in ihrem resignierten Warten an die Grenze der Schwermut drängt, „Automat" von 1927, „Morning Sun" von 1952, „Western Motel" von 1957 oder „Eleven AM" von 1926, um nur wenige Räume von Hoppers dargestellter Langeweile zu benennen, die den Frauen als Weltzugang und gleichzeitig als Weltversperrtes offensteht. Aus Hoppers Bildern heraus denke ich weiter an jene der zeitgenössischen, auch amerikanischen Künstlerin Eleanor Ray, und an ihre Räume, die sie der Langeweile gibt, Räume ohne Menschen sind es; sie lässt sie weg, im Weglassen bleiben die dunklen Gefühle, die lange Weile einer menschlichen Existenz, ihr Interieur, der Blick einer Frau vielleicht, die, von einem Mann betrachtet, gelangweilt aus dem Fenster sieht.

*Anmerkung: Bis in die 60er Jahre, da die meisten Haushalte noch keinen Fernseher hatten, wurde auf die Frage nach Hobbies auch das „Aus-dem-Fenster-schauen" angegeben; ein Hobby, das die Lockdowns der Gegenwart vielerorts zurückgebracht haben.*

# Und die Kunst

## Schwebezustand

„Ich langweile mich!", sagt Anna Petrovna, eine der Figuren aus Antonin Čechovs „Platonov" (1880) zu Beginn des Stückes, mürrisch, wartend, bezeichnenderweise sind es die ersten Worte dieser Komödie, in der Langeweile, jene des Bürgertums, eine der Hauptrollen spielt, die sich in der gesättigten Gesellschaft sammelt und eine Art Aufmüpfigkeit ist, die es ernster meint als zunächst angenommen,

„I'm bored", singt Iggy Pop im gleichnamigen Song von 1979, „I'm the chairman of the bored / I'm a lenghty monologue / I'm living like a dog / I'm bored"[83], trotzig, herausfordernd, in nur in Kunst in ihrer Deutlichkeit möglicher Aufmüpfigkeit der Gesellschaft gegenüber.

Zum sinnentleerten Nichtstun verurteilt zu sein, das sei ihre Sicht auf Langeweile, sagt Eva. Das Vorhersehbare, sagt Anna Rottensteiner, Luftzeitleere, Weilenlang und schlechte Predigten während der Sonntagsmesse. Eine Art Schwirren im Kopf, das an nichts andockt, sagt Käthe Schönle.

Befangenheit und ein Verkümmern nach Bedeutung und nach Sinn, das sage ich, ein Körper, der seine Mängel ist, federleicht, bleischwer zugleich, und eine Landschaft, unsicher, ob sie auch tatsächlich eine Landschaft ist,

weil

einsam

schattenlos

konturenfern

weil

„sick with loneliness"[84]

weil alles nichts ist und

*all seems lost.*

Ich denke an „Die ovale Dame", die Leonora Carrington in einer Kurzgeschichte geschrieben hat, am Fenster stehend, mit Blick in die Welt, und die sich dabei furchtbar langweilt. „Das Gesicht dieser Dame war blass und traurig. Sie bewegte sich nicht vom Fleck, und nichts rührte sich in dem Fenster außer der Fasanfeder, die sie im Haar trug."[85]

Nichts rührt sich in der Langeweile, im Schreiben, im Zählen von weiteren Körnchen Reis, im Blick aus dem Fenster. „Sind Sie gekommen, um mit mir zu spielen?", fragt die ovale Dame, „das freut mich, denn ich langweile mich furchtbar hier"[86], und um dem Zustand zu entkommen, fügt sie hinzu: „Stellen wir uns vor, wir wären alle Pferde. Ich werde mich in ein Pferd aus Schnee verwandeln."[87]

Und du?

Einsam
schattenfern
verloren in der Landschaft Langeweile?

Auch an andere Fensterfrauen muss ich denken, die sich aus dem Rahmen ihrer Landschaft in das Draußen denken, „Frauen am Fenster" von Caspar David Friedrich, „Figur am Fenster" von Salvador Dalí oder „Mädchen am Fenster" von Fritz von Uhde, um nur einige Beispiele zu nennen, und weiter denke ich an das in den 60er Jahren bekannte italienische Model Benedetta, die sich im Alter gänzlich aus der Welt zurückzog, ihre Wohnung nicht mehr verließ und nur noch rauchend am Fenster stand und hinausblickte[88].

Einen reversiblen Blick bietet die amerikanische Fotografin Susan Meiselas an. Zwischen 1972 und 1975 verbrachte sie ihre Sommer damit, auf sogenannten *smalltown carnivals* in New England, Pennsylvania und South Carolina Frauen zu interviewen und zu fotografieren, die dort Striptease-Auftritte hatten. Sie porträtierte die Tänzerinnen auf und hinter der Bühne, dort in ihren privatesten Momenten. Die Bilder – gesammelt in dem Fotoband „Carnival Strippers" – halten sowohl das Publikum fest – die faszinierten Blicke der Männer – als auch die Tänzerinnen, in deren Ausdruck oftmals Langeweile im existentiellen Sinn zu finden ist, die Lebensleere und ein Warten. Auch diese Frauen sind gerahmt und sehen durch eine Art Fenster, aber der weibliche Blick lässt sie in die Kamera schauen, lässt sie – ebenso wie in anderen fotografischen Arbeiten Meiselas'– ihre Langeweile erzählen.

Ich schweife ab, nicht wahr?, habe mich im Schreiben, Zählen und Blicken verloren, in der Stille, die diese Landschaft heimgesucht hat, konturenfernes Treiben, im Schwebezustand lösen sich die Fäden aus dem Saum, den Zeilen, sie schwirren – wie Gespenster mit und in der Zeit.

Ich verliere mich in den Fragmenten, die die Langeweile sind, Korn um Korn, Wort um Wort, bloß Teilchen eines nicht fassbar großen Ganzen – schwebend Stern im All und weiter. Erneut denke ich an Worte Leonora Carringtons: „Warum möchtest du kein Engel sein? – Weil ich mich langweilen würde. Ich wäre lieber ein spitzer Kegel, der wie der Teufel im Weltraum herumsaust und singt wie eine Flöte."[89]

Ich denke an Flötenklang und dabei Sternezählen – acht, neun, der zehnte Stern wird aufnotiert –, und Wolkenschauen im Saum der Langeweile, denke, Sonntag?, auch an Mangrovenquallen, die den lieben langen Tag kopfüber im Sand zwischen Baumwurzeln liegen, dabei nehmen die Tentakel Licht und Plankton auf, denke, dass die Langeweile ihr Flüstern unter Wasser ist, ihr Warten, bis sich das Licht in den Tentakeln fängt.

warten

wieder warten

warum fällt mir Sonntag dazu ein?

## Sonntag

„Man genießt etwas ganz und gar Zufälliges, man betrachtet das ganze Dasein von diesem Standpunkt, lässt die Wirklichkeit des Daseins daran scheitern."[90]

Sonntagsscheitern, wenn die Stunden zu lang sind – es fehlt ihnen „die Verdichtung von Handlungsabläufen und der Beschleunigung ihrer strukturellen Veränderungen"[91], die Alltagsgetriebenheit und das Handelnmüssen fehlen –, wenn die Stille, die dieser Tag mit sich bringt, zu still ist, wenn sie in Bewegungslosigkeit verharrt, Leblosigkeit.

Der Sonntag ist ein Konstrukt, das Langeweile errichtet hat, man wandelt hindurch, als wären es Ruinen einer außerirdischen Zivilisation. Ein Sonntagssein in Stille, die den starren Körper erzittern lässt, Zeit und wieder Zeit für Muße und für Müßiggang, traurig zieht der Tag vorüber, während sich der Blick begnügt.

Der Blick auf die Details des Nichts, der Nichtigkeiten dehnt die Sonntagsstunden aus, weitet sie – wie eine sanfte Melodie, leise und nach Freiheit strebend beginnt mein Inneres zu singen: „That's why I'm easy / I'm easy like Sunday morning."[92], leise und loslassend verstummt es, „Luftzeitleere"[93] bleibt.

Ein Sonntag ist ein Raum, in dem Langeweile als Utopie erfahrbar wird, arbeitsfrei, betriebsamkeitsunterbrochen, „die Welt sorgt dafür", schreibt Siegfried Kracauer, „dass man nicht zu sich gelange"[94], der Sonntag bietet sich als Möglichkeit eines Dagegens an, denen, die es (zulassen) können, denen, die in der Langeweile das Offene sehen.

Leise und loslassend lächle ich Eva zu, während meine Fingerspitzen über die Reiskörner streichen, ihre Form wahrnehmen, die Einzigartigkeit eines jeden Körnchens, manche von ihnen sind nicht mehr ganz, sind an einem oder dem anderen Ende abgebrochen. Stille ist in mir, Sonntagsstille, ein Abfinden mit der Aufgabe, die sich nicht mehr als Aufgabe anfühlt, nur noch als leere Zeit, als Müßiggang, der Potential in sich trägt, mir weitere Melodien zu eröffnen, im Bedeutungslosen erahne ich das Schlummernde.

Etwas Zartes schlummert in der Langeweile, und dieser Gedanke – jetzt im Schreiben, still, loslassend, melodienbegleitet – lässt mich an die Bilder Käthe Schönles denken, an die in ihnen gefangenen und verfangenen Figuren (vor allem Frauen), in Zärtlichkeit sitzen sie ihr Leben (ihren Sonntag) aus. Auch Jana Volkmanns Roman „Auwald" fällt mir ein, der Text, so denke ich, könnte komprimiert an einem Sonntag spielen, wo Natur und Umwelten, in denen man sich bewegt und die sich, im Zustand einer Dauer, um einen bewegen und eigene innere Befindlichkeit, die ihre Fühler in dieses Außen richtet, eins werden, eins sind und dennoch einander entfremdet bleiben, „bevor man den Tag erahnen kann, raschelt es in den Gräsern, zittern die Baumwipfel, dreht der Wind seine Richtung, und alles, was eine Stimme hat, beginnt zu singen, zu schreien oder zu flüstern ... jetzt gleich, nur noch einmal atmen."[95]

*Anmerkung: Jana Volkmann lässt ihre Protagonistin Judith aus der Leere, der Großstadt und der existenziell besetzten Langeweile einst erfüllender Tätigkeiten in die Wildnis des Auwalds fliehen. In dieser Wildnis erfährt die Langeweile eine sinnliche Bedeutung.*

## Selbstversuch „Sommertag"

Einmal atmen, so einen Sommertag wie einen Sonntag in den gedehnten Stunden, hitzeschwer den Grillen lauschen und jedem Rascheln im Gebüsch, einer Maus oder einem flinken Vogel?, und warten, auf den Moment warten, wenn das Surren, Summen und Zirpen in den Wiesen durch das eigene Empfinden lauter wird, lästiger und lastender, wenn sich die Geräusche in Minuten umrechnen lassen, die Minuten in eine Ewigkeit, wenn ein Luftzug einen erinnern muss, dass Zeit vergeht, der Luftzug einer langen Weile, der die Spitzen der Wiesengräser in Schwingung versetzt. Stille, die kein Außen hat, legt sich in den Atem, in den Herzschlag hinein, und die Langeweile selbst duftet nach Holunderblüten und nach den welkenden Margeriten. Du seufzt, lehnst dich zurück, dann wieder vor, denkst, diese Langeweile frisst dir deine Erinnerungen auf, die, die waren und die, die vor dir liegen könnten

– und im nächsten Seufzer richtest du dich gegen Langeweile auf.

Da war doch einmal dieser Sommertag, war auf dem Land und Wald umgab ihn und ein Habichtflug, ein Hasenhoppeln und ein scheues Kitz, das sich im hohen Gras versteckte, du dachtest, selbst der Wind sein, der das Gras bewegt, dachtest, Gänseblümchen auseinanderknüpfen, dachtest, Blütenpollen von den Fingerspitzen zupfen und sie – wie nachts so Sterne – in den Himmel streuen, dachtest, warten, dachtest sehnsuchtsvoll.

*Anmerkung: Der Sommer als Raum der langen Weile ist ein wiederkehrendes Motiv, vor allem im Film und in der Literatur. Literarisch findet sich dieses Motiv, zum Beispiel, in „Bonjour tristesse" von Françoise Sagan wieder, filmisch, unter anderem, in Jacques Derays Film „Swimming Pool". Die Langeweile, die in der Sommerhitze liegt, brodelt und lässt im Lauf der Handlung Dramatisches passieren.*

## I smile melancholia

Nicht selten schleicht sich Melancholie in einen Sommertag, vor allem dann, wenn das Ende des Sommers naht, wenn es in den Pflanzen und in der Luft spürbar ist und sich in das Befinden drängt, es schwerer macht. Die Melancholie, als Ahnin der modernen Langeweile, wird immer noch als Teil von ihr betrachtet, als jener Aspekt, der in der langen Weile wehmütig und in verhaltener

Trauer auf Vergangenes blickt, ein Schmerz, der sich in die Langeweile nistet.

Sybille Krämer bezeichnet den Topos der Melancholie als „psychische Desintegration eines verdüsterten Gemüts"[96], als eine Art Aufspaltung, in der das Ganze nicht mehr wahrgenommen ist und sich die Wahrnehmung nur noch auf Teile richtet, auf Dunkles. Dunkel und bedrückend ist die Welt und in unüberwindbare Distanz gerückt. Ein fernes Etwas, ein ferner Planet, der sich bedrohlich nähern kann.

Den Himmelskörper „Melancholia" lässt Lars von Trier in seinem gleichnamigen Film von 2011 mit der Erde kollidieren. Der Planet ist das Spiegelbild zu von Triers Hauptfigur Justine, einer jungen Frau, die gleich- und wehmütig der Welt und ihrem Untergang gegenübersteht. „The earth is evil. We don't need to grieve for it", sagt sie an einer Stelle des Filmes, und an anderer Stelle, hinnehmend: „I smile, and I smile, and I smile." Auch in mein Lächeln schleicht sich hinnehmend Wehmut, *I smile a little melancholia*, denke ich, während ich weitere Striche aufs Papier setze, in der Stille des (inneren) Raumes hat die Trauer über das Verlorene Platz,

in den Zwischenräumen die Seufzer, verortet sind sie auf dem sich füllenden Blatt Papier,

wie das Synonym für Tage an einer Gefängniszellenwand, wie man sie aus Filmen kennt, wie die Strophen eines zur Entschlüsselung freigegebenen Gedichts.

In der Renaissance, die sich der Melancholie der Antike erinnerte, schrieb auch die italienische Dichterin Isabella di Morra ihr Lebensdüsteres auf: „I write weeping about Fortune's cruel and fierce assaults and mourn my young and tender age; I, who live in such vile and horrid land and spend my time without any praise."[97]

*Anmerkung: Die Gedichte sind bislang nicht ins Deutsche übersetzt. Im italienischen Original sind sie unter dem Titel „Rime" zu finden.*

Als Zwischenräume ihrer eingesperrten, isolierten – ihre Brüder zwangen sie, alleine in einem Schloss zu leben – und kurzen – sie beging Suizid – Existenz sind die nur dreizehn Gedichte zu lesen, die di Morra geschrieben und die erst lange nach ihrem Tod gefunden wurden, als Ausrufung und Anklage der Melancholie, „I once wrote in bitter, harsh, and painful style as you know, against Fortuna, so that no one else under the moon ever complained about her with more fervent will."[98]

Liegt da ein Lächeln in den Zeilen?

## Sehnsuchtsklänge

Im poetischen Lied der Melancholie klingt auch die Sehnsucht mit, klingt nach, oder?, ein im Verhallen wiederkehrendes Echo wie in „Hello, hello, turn your radio on; is there anybody out there? Help me sing my song"[99], das Lied des Duos Shakespears Sister, das mich stets daran erinnert, wie leise ein Draußen ist und wie laut ich mich danach sehne;

wie in „How can it feel, this wrong / from this moment / how can it feel, this wrong / storm in the morning light / I feel / no more can I say / frozen to myself / I got nobody on my side / and surely that ain't right"[100], dem Song „Roads" von Portishead, der tief und tiefer in seinen Wegen in die Melancholie des Moments und des Erinnerns führt;

wie in dem Gedicht „Melancholie" von Gottfried Keller, wo ihr Feeenschritt im Garten der Fantasie zu hören ist und ans Herz geschmiegt der Wahrheit Spiegelschild sich zeigt.

Mirror mirror
ein Sturm im Morgenlicht
on the wall
aus einem Radio
seltsam Ding
who is the ...?
who is the ...?
ich fühle nichts
nur das Vergangen
ist da jemand? / of them all?
mirror mirror
da draußen außerhalb von mir?

*Ihre Playlist? Ihr Gedicht?*

Sehnsucht klingt aus vielen Kunstwerken zu *ennui* und Langeweile; sie ist der Wunsch, bewegt zu werden und sitzt mit diesem Wunsch in Worten fest. Das Warten auf Bewegung ist auch ein Motiv in Sofia Coppolas Film „Lost in translation", in träger Sehnsucht sitzen die Figuren Bob und Charlotte die Zeit des Nichtbeschäftigtseins aus, die Lebenslangeweile, die verstärkt wird vom Gefühl des Fremdseins in der nicht-vertrauten Umgebung, und auch die Einsamkeit: „I just feel so alone, even when I'm surrounded by other people."

Das, was nicht ist, ist die Sehnsucht, und diejenigen, die nicht da sind; Sehnsucht schreit nach ihnen, gibt dem Körper einen disharmonischen Klang, eine Ver-rücktheit[101], eine Angespanntheit. Sehnsucht ist die *malaise* der Liebenden, und Langeweile ist es, die im Warten auf eine nächste Begegnung liegt, im Warten auf einen Anruf, eine SMS.

„Die Tage sind voll heimlicher Spannung, die Nächte vergehen in einer Glut der Erwartung, die einem Brande gleicht, der sich aus winterlichem Weiß erhebt, oft lauscht man stumm, als wären die Organe im Fieber geschärft, man lauscht auf Antworten, nach denen man nicht zu fragen wagte, und man ist preisgegeben einer stillen und doch zutiefst aufrührerischen Verwirrung, die zuerst den Körper ergreift wie Krankheit, während die Seele davor zurückschreckt, um dann umso heftiger derselben Erschütterung zu verfallen"[102], schreibt die Schriftstellerin Annemarie Schwarzenbach in ihrem Prosawerk „Eine Frau zu sehen" über die verzehrende Sehnsucht. Es ist 1929 und im Fahrstuhl trifft die Erzählerin eine geheimnisvolle Frau in einer kurzen Begegnung, die ein unstillbares Verlangen in ihr weckt. Fortan ist die Erzählerin nur noch im Warten auf eine nächste Begegnung gefangen.

Eine Art gefangenes Warten findet sich auch in den Fotografien von Tina Bara, in ihrem Fotoband „Lange Weile", der Aufnahmen aus dem Ostberlin der Achtzigerjahre zeigt und in der Rezeption als „Ende vom Lied der DDR" beschrieben wird.

„Es waren Bilder von etwas, was sich dann im Strudel der Zeit aufzulösen schien. Nicht festzuhalten. Vielleicht war es die Zeit und die lange Weile"[103], sagt Tina Bara über ihre „fotografische Liebesgeschichte", die den Wunsch (die tiefe Sehnsucht) nach einem Ausbruch aus einem als langweilig empfundenen System, das Individualität und Eigensinn unterdrücken will[104], anschaulich machen.

Fragmentierte Körper, ineinander verkeilt, Verletzungen der Freiheit, „Stillstand und Bewegung paaren sich zu ungeheurer Intensität, die das Schöne und zugleich Verzweifelte jener Tage dokumentieren"[105], schreibt Cornelia Klauß über „Lange Weile".

## Tiere wie wir

Stillstand und Bewegung, das Freiheitsverletzte spricht auch aus den Zeilen Rilkes, wenn er den Panther hinter den Gitterstäben durchblitzen lässt, mit Sicherheit auch eine Sehnsucht des Tieres, in die Wildnis zurückzukehren, doch, frage ich mich, empfindet Rilkes Panther Langeweile?

Ich frage mich, ist einer Spinne langweilig, wenn sie nah an ihrem Netz auf eine Fliege wartet?, all den Tieren in einem Zoo, sobald sie ihr eingegrenztes Gehege wieder und wieder mit ihren Schritten vermessen haben?, dem Vogel, der ausschließlich in einem Käfig singt?

Während Friedrich Nietzsche „dem Menschen, der sich langweilt, ein Zurücksinken ins Tierische attestiert, das vom immer wiederholten Wiederkäuen leben soll"[106] und Arthur Schopenhauer feststellte, das Tier allein sei „ganz Gegenwart. Deshalb empfindet es die Langeweile nicht"[107], greift Giorgio Agamben Martin Heideggers Verknüpfungen von Mensch und Tier im Phänomen der Langeweile auf und führt sie weiter. Bei Agamben „wiederholt sich das Reiz-Reaktions-Muster der Tiere in der philosophischen Rede von Potentialität und Akt – mit dem gravierenden Unterschied, dass es bei der Aktualisierung von Potenz zu eben jenen Kommunikationsstörungen kommen kann, welche hier unter Langeweile verhandelt werden."[108]

Agamben bezieht sich in „The Open: Man and Animal" auf die Forschung Jakob von Uexkülls, der den Begriff der Umgebung – „the objective space in which we see a living being moving"[109] – von dem der Umwelt – „constituted by a more or less broad series of elements"[110] – differenziert. Umgebung und Umwelt, als entscheidende Begriffe, wenn es um Langeweile bei Tieren geht, finden auch bei Françoise Wemelsfelder, Professorin für Qualitative Science and Animal Welfare in Edinburgh, Erwähnung. In ihrer Betrachtung „Gelangweilte Tiere" schreibt sie: „Tiere orientieren sich immer an ihrer Umgebung. ... Tiere experimentieren mit ihrer Umwelt und erzeugen willentlich Gelegenheiten zur Wahrnehmung und zum Ausprobieren von Neuem."[111]

Auch wenn sich die Langeweile in ihrer Komplexität nicht direkt auf Tiere umlegen ließe, bemerkt die Forscherin, könne man doch bei den Tieren in Gefangenschaft und bei den Nutztieren eine Veränderung im Verhalten feststellen. Räumliche Bewegungsunmöglichkeit ließe die Tiere inaktiv werden und in ihrer Aufmerksamkeit abstumpfen. Die Tiere „erscheinen angespannt, ruhelos und agitiert und reagieren aggressiv auf andere Tiere in ihrer Umgebung."[112] Alles deute darauf hin, dass sich das Tier, weil es keine Freude mehr empfindet, langweilt.


Kanadische Forscherinnen haben das Phänomen der Langeweile bei Nerzen untersucht und stellten fest, dass diese sich langweilen, wenn man sich nicht um sie kümmere oder ihren Käfig leer ließe, „die gelangweilten Tiere in leeren Käfigen waren wach, aber untätig – und waren viel stärker an Ablenkungen und Naschereien interessiert als Artgenossen mit zahlreichen Spielmöglichkeiten."[113]

Die BOKU Wien indessen forscht gerade an Schweinen, ob diese, wenn sie der Langeweile ausgesetzt sind, mehr Stresshormone ausschütten.[114]

## Ein Lama, es spuckt

Wie Gitterstäbe, nicht?

Ich habe mich mit ihnen abgefunden, auch mit der eigenen Brüchigkeit, die mir manch Reiskorn wiederspiegelt, da fehlt ein Stück, dort auch, in der Kleinstzerlegung von Welt, die mir Reis und auch Linsen vor Augen führen, habe ich losgelassen, habe mich der Tätigkeit hingegeben, verschrieben gar, der Langeweile. Ich habe begriffen, dass es nicht darum geht, die Aufgabe, die Eva mir gestellt hat, zu bewältigen (zu schaffen), sondern dass es darum geht, in ihr zu sein. Quälendes liegt hinter mir, all meine Mängel und Sehnsüchte, das Warten auf ein Ereignis. Sowie Mary MacLane in „I await the Devil's coming" schlussendlich mit dem Teufel zusammensitzt und ihren sehnlichsten Wunsch für Augenblicke erfüllt sieht, die *happiness,* und die Erzählerin in „Eine Frau zu sehen" ihr Verlangen in einer erneuten Begegnung gestillt – für Augenblicke – empfindet, sowie jede Frau, die am Fenster steht, diese Rahmung wieder verlassen wird, so hat sich auch in mich eine Leichtigkeit gelegt, I smile, and I smile, and I smile. Auch Eva lächelt, als sie das Gebilde sieht, das ich in den letzten Minuten begonnen habe, aus den bereits aussortierten Reiskörnern zu formen, ein Tier?, fragt sie, ich nicke, sehe mir das Gebilde bewusster an, ein Lama, sage ich, es spuckt, einfach so hat es sich aus dem Reis gezaubert, herausgeformt aus der Monotonie der Langeweile und dem Loslassen meinerseits. „Langeweile führt meistens dazu, dass man aus ihr heraus etwas anderes tut. Das kann Positives sein, wie eine wunderschöne Skulptur schaffen"[115], sagt Thomas Götz, „man muss ihr ins Auge sehen und bei ihr verweilen. Dann wird sie zur Kraft der Autonomie"[116], sagt Norbert Bolz. Dass Langeweile von nichts anderem als von der „Möglichkeit einer sinnvollen Existenz"[117] kündet, schreibt Philipp Wüschner und verweist auf die Philosophen, die das kreative Potential der Langeweile gesehen haben, Heidegger, Kierkegaard oder Benjamin.

Walter Benjamin schrieb: „Die Langeweile ist die Schwelle zu großen Taten"[118], und, wie eingangs bereits zitiert: „Wer sich nie langweilt, kann nichts erzählen."[119]

Also: Da ist ein Lama, es spuckt auf einen Vogel, der sich gerade von einer Blüte erhebt. Da ist eine Geschichte, die sich aus diesen Zeilen formen könnte. Da ist so ein Funke Camp, eine Umkehrung.

Etwas kehrt sich in mir um, spitzt sich zu, löst mich aus dem Schlummer der Langeweile, lässt mich sie anders – überpointiert, als Camp-Ausdruck – betrachten. Ich schmunzle, weil mir Oscar Wildes vermutlich letzte Worte in den Sinn kommen, vermutlich habe er auf dem Sterbebett gesagt, dass entweder er nun gehe oder die langweilige Tapete.

In Camp wird auf Langeweile verzichtet, alles ist von Interesse, alle Dinge sind von Wichtigkeit und bleiben stets Genuss. Camp sowie die Langeweile haben nur in Überflussgesellschaften Platz, dort, wo der Schein das Sein überdecken kann. Wolf Lepiens, ein deutscher Soziologe, schreibt: „Das Sein, das in Schein verwandelt wird, ist die ästhetische Antwort auf die Frage, wie mit dem Verlust von Welt fertig zu werden sei."[120]

Ein Lama, das auf einen Vogel spuckt, der von einer Blüte fliegt … ein Funke Weckung.

## Weckung

Heidegger hat von der Weckung des Subjekts geschrieben, die den Einzelnen erkennen lässt „was für ihn von Bedeutung ist und was wirklich für ihn zählt"[121], die jedoch erst nach einer tiefgreifenden Erschütterung passieren kann, der Erschütterung des Aushaltens der Langeweile. Dann beginnt das Träumen, dann die Kreativität mit ihrem Produkt des künstlerischen Schaffens. Schauen wir auf Kinder, so scheint es, „passiert" die Weckung in äußerst kurzen Abständen; dem Gelangweiltsein und auch einer verkürzten tiefen Langweile – die ich auch Kindern unterstelle –, folgt prompt eine Beschäftigung, irgendwas folgt immer, ganz aus dem Kind heraus.

Das Narrativ der Kindheit ist voll mit Langeweile, ihm fehlt es, wie später im Erwachsenenalter nicht, am Konstruieren der zur Verfügung stehenden Lebenszeit, was Zeit ist, für das Kind so anders, Zeit wird und muss verschwendet sein (ich erinnere mich an die eigene Verschwendung – *wasteland childhood and youth* –, an die Autofahrten, als Großvater und ich rote oder blaue oder glänzende Autos zählten und Christbäume in den Gärten zur Weihnachtszeit, an das Blumenschauen mit meiner Tante und dann, als ich ein wenig älter war, an stumme Stunden mit Mutter in unserer Küche.)

„Langeweile als Kind war der Moment, bevor etwas passiert, bevor mir einfiel, was ich unternehmen konnte"[122], sagte Käthe Schönle in unserem Interview, *ein* Moment, und Eva sagte mir: „Ein kurzes Warten, bis ..."[123],

„Steinchen hin und her geschoben, Ästchen gebrochen, ein Loch gegraben"[124], sagte Claudia Bitter darüber, was im guten Gefühl der Langeweile ihrer Kindheit gewesen war, das Kleine, Kleinste war kreatives Potential. Etwas, sei angemerkt, das Bitter sich in ihre künstlerische Arbeit mitgenommen hat, in der sie mit Materialien aus der Natur, klein – ein Ästchen, ein Stein, ein Blatt – bis kleinst – Blütenpollen, Samenkörner –, ihre Bilderwelten zusammensetzt. Und meine Langeweile, die ich in der Kindheit hatte? Stunden um Stunden alleine im Garten der Großeltern, das war die

Langeweile. Ich lief zwischen den Bäumen und Sträuchern umher, bewegte mich zwischen dem Tisch und seinen aufgelegten Nüssen und der Bettwäsche, die um die Schaukel gespannt war, und erfand die abenteuerlichsten Geschichten, aus dem Nichts der Langeweile heraus. Auch jetzt noch, denke ich, ist die Langeweile das, woraus ich meine Geschichten wecke, ein Schlaf, ein Traum, der keine Bilder hat, sie in der Weckung jedoch erscheinen lässt, mitunter auch ein Wassertropfen, der den Hahn verlassen hat und fällt und fällt und fällt.

„Boredom is just the reverse side of fascination: both depend on being outside rather than inside a situation and one leads to the other"[125], schrieb die amerikanische Schriftstellerin Susan Sontag in „On photography", Faszination und Fantasie, Fallbewegung in das Ereignis, das jeder, auch der längsten Langeweile folgt und vice versa.

*Fallen: in den Dichter\*innenwunsch, dem Nichtstun eine Poesie zu geben, den Staub, der auf diesen Träumen liegt, wegzupusten, fallen wie Leonce in Georg Büchners „Leonce und Lena": „Sehen Sie, erst habe ich auf den Stein hier dreihundertfünfundsechzigmal hintereinander zu spucken ... dann – sehen Sie diese Hand voll Sand? Jetzt werf ich sie in die Höhe."[126]*

# Heartland

*You can't run and you can't hide,* aber aussitzen kannst
du sie, die Langeweile, die du dir ab und an leisten /
gönnen musst, damit nach ihrer trüben Schwere deine
Sinne leicht wie Luft die Welt um dich herum erfahren, „an einem ruhigen Sommertage, im Winterglanze
eines buntgefärbten Abendhimmels ... Thauwind für den
eingefrorenen Willen"[127] – ich erinnere mich, als ich in
Langeweile auf dem Boden lag und an die Decke starrte,
hinauf zum Lampenschirm, unter dessen Glas sich
ein toter Käferkörper befunden hatte, damals dachte
ich, die Farbe der Langeweile sei Käferkörpergrau,
jetzt, nachdem ich Reis gezählt habe und diesen Text –
beinahe – geschrieben habe, hat Langeweile eine andere
Farbe, quietschbunt, an Stellen glitzert sie, ist *heartland*
nur noch, nicht mehr Mülldeponie, ein Lavendelfeld, das
Horizonte streichelt, ist etwas geworden, an dem ich
Ge-fallen fand, jetzt, da die Zeit um ist, die zwei Stunden, in denen ich Reis gezählt habe, Reis gezählt habe –
2850 Körnchen, *not much, but it still counts, right?* –
und mir Zeit als Dauer abhandengekommen ist, Zeit als
Rahmen der empfundenen Langeweile, Zeit sich als
Sinneserfahrung im Raum einer langen Weile gezeigt
und sich in mich gezeichnet hat –
müsste ich Langeweile zeichnen, ich
ließe das Blatt leer,
müsste ich sie singen, ich bliebe stumm,

würde ich sie noch einmal schreiben, ich schriebe sie als Camp und ließe mir die Langeweile eine pure Freude sein.

*Anmerkung: Susan Sontag schreibt in „Notes on Camp":*
*„The old-style dandy hated vulgarity. The new-style dandy, the lover of Camp, appreciates vulgarity. Where the dandy would be continually offended or bored, the connoisseur of Camp is continually amused, delighted."*

# Schlussbemerkung

*A hell of a ride* war es, die Langeweile zu schreiben, ein Teufelsritt, mich der Komplexität dieses Phänomens, dieses Befunds einer Dauer und Vermessung eines leeren Raums zu nähern.

Gefordert und überrascht hat sie mich, überrascht war ich, als ich selbst erfuhr, was Dunkles – die Gefühle beim Rückblicken auf die Isolation in der Pandemie, zum Beispiel – und Helles – dass tatsächlich so viel Kreativität aus ihr heraus erwachsen kann – sich in ihr spaltet, dass sie dem Exzess und möglicher Eskalation so viel Raum bieten kann, so viel an Fragen, die noch auf Antwort warten, deren Fragezeichen allein weitere Texte füllen könnte, dass sie einen zum Publikum macht und zu einer Art Anti-Heldin, die gegen den

Strom schwimmt, wobei der Strom stets seine Richtung ändert, dass es unerwartet Orte gibt, an denen sie sich bemerkbar macht. Ans Reisen denke ich dabei, an die Langeweile, die im Bettbezug mancher Hotelzimmer oder in den endlosen Gängen eines Motels auf einen wartet. Im Blick auch, wenn Landschaft an einem vorbeizieht und der Himmel über einem flirrt, vor Hitze und Ereignislosigkeit.

Ich hatte, sei an dieser Stelle angemerkt, einen anderen Blick auf die Welt, nachdem das Reiszählen geendet hatte; der Blick war fokussierter, das Erblickte zeigte sich mir geschärft.

Und dankbar bin ich meiner Freundin Eva für dieses, wie ich es nannte, „Cinderella-Experiment", auch für ihre anderen Ideen, die sie mich an diesem Tag erfahren und erfühlen ließ. Ich sah das langweiligste Video der Welt, bei dem man sich entscheiden konnte, ob man lieber eine Schnecke im Stillstand oder Farbe beim Trocknen sehen wollte, ich spielte das langweiligste Videospiel der Welt, *desert bus*, in dem ein Bus stundenlang auf gerader Strecke durch die Wüste Nevadas – mit Ziel Las Vegas – fährt, ich trank destilliertes Wasser und gemeinsam gingen wir in die Kirche und hörten und hörten und hörten den Rosenkranz.

Langeweile hilft (und das war schon immer so), die Welt nach Erfahrungen zu gestalten. Selbst dann, wenn man weiß, dass man, hat man sie einmal überwunden, nichts erreichen kann (Las Vegas).

Ein Teufelsritt in philosophischen Gedanken und durch Kunst, die aus Langeweile entstehen kann und diese als Motiv erzählt; Nicht-Erzähltes, das zwischen diesen Zeilen steckt, Begegnungen mit langen Schatten und mit grellem Licht. Dazwischen Auslassungen in nicht gehörten oder vergessenen Stimmen, Frauen, oder?, die aus dem Rahmen herausgetreten sind und uns ihre Wahrnehmung der Langeweile schenkten. „When you're bored – really bored – it feels like forever", möchte ich Elizabeth S. Goodstein noch einmal zitieren, ein *forever* vieler Möglichkeiten, die dann doch wieder allesamt entgleiten können – wie unbefriedigend befriedigend, nicht? –, ein Abstraktes, das sich konkret nur in den in ihm verborgenen Wünschen lesen lässt.

Als Entgegenhalten sehe ich die Langeweile, als Widerstand gegen die Systeme unserer Zeit, wer sagt, er kenne Langeweile nicht, hält nirgendwo dagegen?, lügt?, oder will sich bloß verstecken?

Langeweile ist mehr als ein Konstrukt, mehr als das wahre Gespenst der Moderne, mehr als das eingefrorene Bild von jemandem, der aus dem Fenster blickt. In ihrer Rückenansicht liegt viel Poesie, Anmut, wenn man sie sich leisten will. Sie ist Fühlen, Sehen, Riechen, Hören und Schmecken, sie ist eine notwendige Malaise in dieser Welt, Hedonismus im ausstaffierten *tableau vivant* der Gegenwart? Oft, während des Schreibens, stellte ich mir die Langeweile als oder auch in einem *tableau vivant* vor, ihr Prächtiges, Samtenes, das so erdrückend ist, ihr Ödland, das in den Zwischenräumen der Ausstattung sitzt, und die *killer queen* Langeweile mit ausladendem Gewand thronte mittig, man kann sie fühlen, sehen, riechen, hören und schmecken. Und träumen. Sie ist Träumen, Sterne- oder Wolkenschauen, dabei Fallen, sie ist die Abhängigkeit vom großen Nichts, Wüste ist sie, die schmutzigste Ecke eines *motel room* im Nirgendwo, das Innenfutter einer Großstadt, Sackgasse und eine Straße, die kein Ende nimmt.

Ende, oder?,

und ein Flügelschlag einer letzten Zeile klopft – wie ein Wassertropfen, der auf den Boden trifft – an die Langeweile an:

„I don't know where I'm going from here, but I promise it won't be boring." (David Bowie)

# Danksagung

Mein größter Dank gilt Eva Waibel, die mir einen unvergesslichen Tag beschert hat, der mein Verständnis für Langeweile verändert und nachhaltig „bunt und glitzernd" geprägt hat, auch meinen zur Offenheit entschlossenen Gesprächspartnerinnen Käthe Schönle, Claudia Bitter und Anna Rottensteiner, meinem Mann Manfred Poor, der stets meinen Zeilen zuhört und sie mir im Spiegel zeigt, Sara El Rouss für ihre Geduld und ihre Hilfe und – *last but not least* – Stefanie Jaksch, für ihr Vertrauen in mich und für die Möglichkeit, die Herausforderung dieses Textes anzunehmen.

# Anmerkungen

1    Vergleiche https://iai.tv/articles/the-history-and-politics-of-boredom-auid-1208

2    https://gedichte.xbib.de/baudelaire_gedicht_Liebe+zum+Nichts.htm

3    Anmerkung: In Philipp Wüschners Buch „Die Entdeckung der Langeweile" finden sich die theoretischen Betrachtungen von Wissenschaftlerinnen lediglich in Gliedsätzen beinahe abgetan, und in „Langeweile. Ein philosophisches Lesebuch", herausgegeben von Renate Breuninger und Gregor Schiemann, stieß ich auf Seite 1 der Einleitung auf folgende Fußnote: „Im philosophischen Diskurs der Langeweile waren Frauen bis weit ins 20. Jahrhundert kaum vertreten. Auch die Autorinnen dieses Bandes kommen aus angrenzenden oder anderen Disziplinen."

4    Renate Breuninger, Gregor Schiemann (Hg.), *Langeweile. Ein philosophisches Lesebuch*, Campus Verlag, Frankfurt am Main 2015, S. 19.

5    „Boredom", wie Elizabeth S. Goodstein, Professorin für Englisch und Freie Künste am Emory College of Arts and Sciences, Georgia, bemerkt, entstand erst im Übergang zwischen Aufklärung und industrieller Revolution, während die Entsprechungen im Deutschen und Französischen älter sind, jedoch noch nicht im existentiellen Sinne verwendet

wurden. Vgl. Elizabeth S. Goodstein, in: Renate Breuninger, Gregor Schiemann (Hg.), *Langeweile. Ein philosophisches Lesebuch*, Campus Verlag, Frankfurt am Main 2015, S. 177.

6   vgl. Elizabeth S. Goodstein, in: Renate Breuninger, Gregor Schiemann (Hg.), *Langeweile. Ein philosophisches Lesebuch*, Campus Verlag, Frankfurt am Main 2015, S. 176.

7   Ebda., S. 179.

8   Ebda., S. 180.

9   Siehe https://www.projekt-gutenberg.org/nestroy/zerrissn/ zerris1b.html

10  Martin Heidegger, *Was ist Metaphysik?*, Vittorio Klostermann, Frankfurt am Main 2017, S. 33.

11  Ebda., S. 35.

12  Philipp Wüschner, *Die Entdeckung der Langeweile*, Verlag Turia + Kant, Wien – Berlin 2011, S. 196.

13  vgl. Ebda., S. 67.

14  Mariella Schütz, *Langeweile – das andere Fenster zum Dasein*, in: Augenblick, Marburger Hefte zur Medienwissenschaft, Schüren Verlag, Marburg, S. 27.
    In „Langeweile – das andere Fenster zum Dasein", einem höchst lesenswerten Artikel über die Langeweile in den Filmen von Angela Schanelec, skizziert Mariella Schütz zunächst das Phänomen der Langeweile in den unterschiedlichen Disziplinen, im Feld der Philosophie konzentriert sie sich auf Heideggers Darstellung, verknüpft diese mit Betrachtungen des russischen Literaturnobelpreisträgers Joseph Brodsky, der die Langeweile als Muße sieht, und

spinnt aus dieser Verknüpfung heraus ihre Fäden zur Film-
analyse.

15   Charles Baudelaire, in: Renate Breuninger,
     Gregor Schiemann (Hg.), *Langeweile. Ein philosophisches
     Lesebuch*, Campus Verlag, Frankfurt am Main 2015, S. 90.

16   Siehe https://gedichte.xbib.de/Baudelaire_gedicht_
     Schwermut+II.htm

17   Walter Benjamin: Zentralpark, In: Schriften, Bd. 1, Frankfurt
     am Main, 1955, S. 474.

18   Philipp Wüschner, *Die Entdeckung der Langeweile*,
     Verlag Turia + Kant, Wien - Berlin 2011, S. 50.

19   Walter Benjamin: Passagenwerk, GS 5;1; S. 146.

20   Songtext: Isolation, Joy Division, Songwriter: Peter Hook,
     Stephen Paul David Morris, Ian Kevin Curtis, Bernard
     Sumner © Universal Musik Publishing Ltd.

21   Renate Breuninger, Gregor Schieman (Hg.), *Langeweile.
     Ein philosophisches Lesebuch*, Campus Verlag, Frankfurt am
     Main 2015, S. 22.

22   Philipp Wüschner, *Die Entdeckung der Langeweile*,
     Verlag Turia + Kant, Wien - Berlin 2011, S. 14.

23   Walter Benjamin, in: Renate Breuninger, Gregor Schiemann
     (Hg.), *Langeweile. Ein philosophisches Lesebuch*, Campus
     Verlag, Frankfurt am Main 2015, S. 112.

24   https://www.reflab.ch/wenn-du-den-reis-zaehlst-kannst-
     du-auch-dein-leben-bewaeltigen/

25   vgl. Ebda.

26 https://iai.tv/articles/the-history-and-politics-of-boredom-auid-1208

27 vgl. Renate Breuninger, Gregor Schieman (Hg.), *Langeweile. Ein philosophisches Lesebuch*, Campus Verlag, Frankfurt am Main 2015, S. 208.

28 Ebda., S.208.

29 https://www.reflab.ch/wenn-du-den-reis-zaehlst-kannst-du-auch-dein-leben-bewaeltigen/

30 Sören Kierkegaard, in: Renate Breuninger, Gregor Schiemann (Hg.), *Langeweile. Ein philosophisches Lesebuch*, Campus Verlag, Frankfurt am Main 2015, S. 66.

31 Ebda., S. 64.

32 Blaise Pascal, *Gedanken*, Reclam, Stuttgart 2012, S. 101.

33 Sören Kierkegaard, in: Renate Breuninger, Gregor Schiemann (Hg.), *Langeweile. Ein philosophisches Lesebuch*, Campus Verlag, Frankfurt am Main 2015, S. 65.

34 Elizabeth S. Goodstein, in: Renate Breuninger, Gregor Schiemann (Hg.), Langeweile. Ein philosophisches Lesebuch, Campus Verlag, Frankfurt am Main 2015, S. 175.

35 Philipp Wüschner, *Die Entdeckung der Langeweile*, Verlag Turia + Kant, Wien - Berlin 2011, S. 191.

36 vgl. Philipp Wüschner, *Die Entdeckung der Langeweile*, Verlag Turia + Kant, Wien - Berlin 2011, S. 195.

37 „I await the Devil's coming" brachte MacLane internationalen Ruhm; selbst, ein Jahr nach der Veröffentlichung, sagte sie darüber: „Fifty years after I am dead they will say, ‚her first book was a masterpiece'." Sie sollte recht behalten.

38  Mary MacLane, *Human Days*, Petrarca Press, Austin 2014,
    S. 21.

39  Ebda. S. 25.

40  Ebda. S. 32.

41  Ebda. S 32.

42  Ebda. S. 91.

43  Zona Gale, „The real Mary MacLane" in: Ebda. S. 125.

44  Mary MacLane, *Human Days*, Petrarca Press, Austin 2014,
    S. 39.

45  Interview/Fragebogen Anna Rottensteiner

46  Interview/Fragebogen Claudia Bitter

47  Interview/Fragebogen Käthe Schönle

48  Martin Heidegger, *Was ist Metaphysik?*, Vittorio Kloster-
    mann, Frankfurt am Main 2017, S. 40.

49  „Der Panther. Im Jardin des Plantes" entstand zwischen 1902
    und 1903. Rilke zeichnet in seinem Dinggedicht exakt die
    Stimmung der Moderne. Das Gefühl des Gefangenseins, so
    die Interpretation, spiegelt Rilkes Vereinsamung während
    seiner Zeit in Paris. Eine andere Interpretation konzentriert
    sich auf den Panther, der eingeschränkt nicht mehr aktiv
    und natürlich handeln kann.
    In „Pantherzeit: Vom Innenmaß der Dinge" (Otto Müller
    Verlag, 2021) verknüpft die deutsche Schriftstellerin Marica
    Bodrožić Rilkes Gedicht mit ihren Empfindungen während
    des erzwungenen Rückzugs zum Beginn der Pandemie.

50  http://euregioteam.net/clickandbuilds/Joomla/BBSifi/index.
    php/92-b-e-i-t-r-ae-g-e-neue/bisherige-themen/wis-

senschaft-en/2179-swr-de-swr2-essay-norbert-bolz-lob-der-langeweile-warum-das-groesste-problem-der-modernen-welt-zugleich-der-schluessel-zur-selbsterkenntnis-ist

51 https://taz.de/Psychologe-ueber-Langeweile/!5764210/

52 Philipp Wüschner, *Die Entdeckung der Langeweile*, Verlag Turia + Kant, Wien - Berlin 2011, S. 45.

53 Ebda. S. 26.

54 https://theconversation.com/acedia-the-lost-name-for-the-emotion-were-all-feeling-right-now-144058

55 Ebda.

56 https://web.de/magazine/gesundheit/wort-lebensgefuehl-2021-us-psychologe-benennt-trifft-nerv-35744684 (21-05-01) Grant, Adam (2021). There's a Name for the Blah You're Feeling: It's Called Languishing. The New York Times. (Stangl, 2021).

57 http://euregioteam.net/clickandbuilds/Joomla/BBSifi/index.php/92-b-e-i-t-r-ae-g-e-neue/bisherige-themen/wissenschaft-en/2179-swr-de-swr2-essay-norbert-bolz-lob-der-langeweile-warum-das-groesste-problem-der-modernen-welt-zugleich-der-schluessel-zur-selbsterkenntnis-ist

58 https://kupdf.net/download/theatre-drama-acting-mark-ravenhill-shopping-and-fucking-1996_58c86343dc0d603f4b339027_pdf

59 Sarah Kane, *Sämtliche Stücke*, Rowohlt, Hamburg 2002, S. 80.

60 https://kupdf.net/download/theatre-drama-
   acting-mark-ravenhill-shopping-and-fucking-
   1996-58c86343dcod603f4b339027-pdf

61 John D. Eastwood, Alexandra Frischen, Mark J.
   Fenske, Daniel Smilek, in: Renate Breuninger, Gregor
   Schiemann (Hg.), *Langeweile. Ein philosophisches Lesebuch*,
   Campus Verlag, Frankfurt am Main 2015, S. 209.

62 Sebastian Hübsch, *Der Normalzustand als Ausnahmezu-
   stand. Moderne, Langeweile und Krieg in Musils Mann ohne
   Eigenschaften*, (Universität Basel)

63 Ebda.

64 https://kupdf.net/download/theatre-drama-
   acting-mark-ravenhill-shopping-and-fucking-
   1996-58c86343dcod603f4b339027-pdf

65 Martin Doehlemann, in: Renate Breuninger,
   Gregor Schiemann (Hg.), *Langeweile. Ein philosophisches
   Lesebuch*, Campus Verlag, Frankfurt am Main 2015, S. 188.

66 Ebda., S. 190.

67 https://kupdf.net/download/theatre-drama-
   acting-mark-ravenhill-shopping-and-fucking-
   1996-58c86343dcod603f4b339027-pdf

68 John D. Eastwood, Alexandra Frischen, Mark J.
   Fenske, Daniel Smilek, in: Renate Breuninger, Gregor
   Schiemann (Hg.), *Langeweile. Ein philosophisches Lesebuch*,
   Campus Verlag, Frankfurt am Main 2015, S. 209.

69 Erich Fromm, *Die Anatomie der menschlichen Destruktivität*,
   Rowohlt, Reinbek bei Hamburg 1997, S. 220.

70  vgl. Ebda., S. 7.

71  Elisabeth Prammer, *Boreout - Biografien der Unterforderung und Langeweile: eine soziologische Analyse*, Springer Fachmedien, Wiesbaden 2013, S. 27.

72  Martin Doehlemann, in: Renate Breuninger, Gregor Schiemann (Hg.), *Langeweile. Ein philosophisches Lesebuch*, Campus Verlag, Frankfurt am Main 2015, S. 187.

73  Ebda., S.186.

74  Betty Friedan wurde dafür kritisiert, dass sie nur einen bestimmten Typ Frau beschrieben und untersucht hat – weiß und Mittelschicht -, und dass jene Frauen, die aus Minoritäten stammen, nicht in ihr Modell passen würden.
    Dennoch, „The Feminine Mystique" löste eine Art Revolution aus und „the problem that has no name" wurde großflächig besprochen.

75  Betty Friedan, *The Feminine Mystique*, Penguin Books, London 1963, S. 15.

76  Ebda., S. 19.

77  Ebda., S. 19.

78  Ebda., S. 24.

79  Ebda., S. 26.

80  Interview/Fragebogen Anna Rottensteiner

81  vgl. Renate Breuninger, Gregor Schiemann (Hg.), *Langeweile. Ein philosophisches Lesebuch*, Campus Verlag, Frankfurt am Main 2015, S. 18.

82  https://iai.tv/articles/the-history-and-politics-of-boredom-auid-1208

83   Songwriter: Iggy Pop © BMG Rights Management US, LLC

84   Mary MacLane, *Human Days*, Petrarca Press, Austin 2014, S. 103.

85   Leonora Carrington, *Das Haus der Angst*, Suhrkamp Verlag, Frankfurt am Main 2019, S. 17.

86   Ebda., S. 20.

87   Ebda., S. 20.

88   Ihr Sohn Beniamino Barrese verfilmte den Rückzug seiner Mutter in der Dokumentation „Das Verschwinden meiner Mutter" (2019).

89   Leonora Carrington, *Das Haus der Angst*, Suhrkamp Verlag, Frankfurt am Main 2019, S. 43 ff.

90   Sören Kierkegaard, in: Renate Breuninger, Gregor Schiemann (Hg.), *Langeweile. Ein philosophisches Lesebuch*, Campus Verlag, Frankfurt am Main 2015, S. 71.

91   Renate Breuninger, Gregor Schiemann (Hg.), *Langeweile. Ein philosophisches Lesebuch*, Campus Verlag, Frankfurt am Main 2015, S. 122.

92   Songwriter: Lionel Richie © Sony/ATV Music Publishing LLC

93   Quelle: Interview/Fragebogen Anna Rottensteiner

94   Siegfried Kracauer, in: Renate Breuninger, Gregor Schiemann (Hg.), Langeweile. Ein philosophisches Lesebuch, Campus Verlag, Frankfurt am Main 2015, S. 133.

95   Jana Volkmann, *Auwald*, Verbrecher Verlag, Berlin 2020, S. 100ff.

96   Philipp Wüschner, *Die Entdeckung der Langeweile*, Verlag Turia + Kant, Wien - Berlin 2011, S. 45.

97  Gabriella Scarlatta, *Reading the Afterlife of Isabella di Morra's Poetry*, in: Tulsa Studies in Womens Literature, September 2015

98  Ebda.

99  Songwriter: Siobhan Fahey / Jean Guiot / Marcella Levy © Universal Music Publishing Group, Warner Chappell Music, Inc, Kobalt Music Publishing Ltd.

100 Songwriter: Beth Gibbons / Geoffrey Paul Barrow / Adrian Francis Utley © Chrysalis Music Ltd.

101 In der Online Sammlung des Wien Museums findet sich die 1921 datierte Bleistiftzeichnung „Langeweile" von Karl Wiener. Es zeigt einen schreienden Mann. Sein Körper ist verrenkt, wirkt unnatürlich ver-rückt und dabei im Gefangensein.

102 Annemarie Schwarzenbach, *Eine Frau zu sehen*, Kein & Aber, Zürich 2008, S. 23.

103 http://www.sonja-moor-landbau.de/news/lange-weile---das-ende-vom.html

104 vgl. Ebda.

105 Ebda.

106 Philipp Wüschner, *Die Entdeckung der Langeweile*, Verlag Turia + Kant, Wien - Berlin 2011, S. 183.

107 Ebda., S. 184.

108 Ebda., S. 186.

109 Giorgio Agamben, *The Open: Man and Animal*, Stanford University Press, Stanford 2004, S. 40.

110 Ebda., S. 40.

111  Francoise Wemelsfelder, in: Renate Breuninger, Gregor
Schiemann (Hg.), *Langeweile. Ein philosophisches Lesebuch*,
Campus Verlag, Frankfurt am Main 2015, S. 214.

112  Ebda. S. 215.

113  https://www.spiegel.de/wissenschaft/natur/tiere-langwei-
len-sich-aehnlich-wie-menschen-a-867472.html

114  https://science.apa.at/power-search/1250728762461076 9884

115  https://taz.de/Psychologe-ueber-Langeweile/!5764210/

116  http://euregioteam.net/clickandbuilds/Joomla/BBSifi/index.
php/92-b-e-i-t-r-ae-g-e-neue/bisherige-themen/wis-
senschaft-en/2179-swr-de-swr2-essay-norbert-bolz-lob-
der-langeweile-warum-das-groesste-problem-der-moder-
nen-welt-zugleich-der-schluessel-zur-selbsterkenntnis-ist

117  Philipp Wüschner, *Die Entdeckung der Langeweile*,
Verlag Turia + Kant, Wien - Berlin 2011, S. 151.

118  Walter Benjamin, in: Renate Breuninger, Gregor
Schiemann (Hg.), *Langeweile. Ein philosophisches Lesebuch*,
Campus Verlag, Frankfurt am Main 2015, S. 111.

119  Ebda., S. 110.

120  Wolf Lepiens, in: Renate Breuninger, Gregor
Schiemann (Hg.), *Langeweile. Ein philosophisches Lesebuch*,
Campus Verlag, Frankfurt am Main 2015, S. 171.

121  Renate Breuninger, Gregor Schiemann (Hg.), *Langeweile.
Ein philosophisches Lesebuch*, Campus Verlag, Frankfurt am
Main 2015, S. 21.

122  Interview/Fragebogen Käthe Schönle

123  Interview/Fragebogen Eva Waibel

124 Interview/Fragebogen Claudia Bitter

125 Philipp Wüschner, *Die Entdeckung der Langeweile*,
    Verlag Turia + Kant, Wien - Berlin 2011, S. 42.

126 Georg Büchner, *Leonce und Lena*, Reclam, Stuttgart 1992,
    S. 30.

127 Friedrich Nietzsche, in: Renate Breuninger, Gregor
    Schiemann (Hg.), *Langeweile. Ein philosophisches Lesebuch*,
    Campus Verlag, Frankfurt am Main 2015, S. 94.

Foto © Teresa Maier-Zötl / detailsinn.at

# Isabella Feimer

1976 geboren, studierte Theater-, Film- und
Medienwissenschaft und arbeitet seit 1999 als freie
Regisseurin und Schriftstellerin in Wien. Sie schreibt
Romane, Kurzprosa, Lyrik und Essays. Sie erhielt zahl-
reiche Stipendien und Preise. Zu ihren Inspirations-
quellen zählen ihre Reisen, die sie gepaart mit
Wanderlust und Wissensdrang auf alle fünf Kontinente
führten, und die intensive Beschäftigung mit Bildender
Kunst, Fotografie und Film.

107

**morgen über**

# Solmaz Khorsand
# Pathos

Beherrschung ist etwas für Asketen.
Gelassenheit für Reiche. Ironie für Über-
lebende. Dem Rest bleibt nur das Pathos.

Pathos ist überall. Permanent sind wir bewegt, empört und berührt
von der Welt und wollen das mit allen teilen. Pathos bedeutet Macht.
Erst wenn die eigene Bewegtheit andere bewegt, kommen die Dinge
ins Rollen. Dann kann Pathos Veränderung bedeuten.
Solmaz Khorsand gelingt eine scharfe Analyse darüber, wessen
aufgeregtes Geheul Gewicht hat – und wem man rät, bitte nicht so
pathetisch zu sein.

K&S übermorgen • ISBN: 978-3-218-01256-0 • 18,00 €

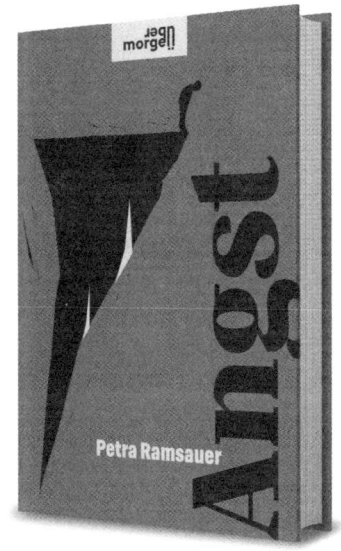

# Petra Ramsauer
# Angst

## Wenn alles anders ist: Über Angst als kollektive Erfahrung und Druckmittel

„Haben Sie denn nie Angst?" – Diese Frage wurde Petra Ramsauer bislang am häufigsten in ihrem Leben gestellt. Die Reporterin berichtet seit über zwanzig Jahren aus Krisen- und Kriegsgebieten. Nun recherchiert sie im Land der Angst: Wovor fürchten wir uns zu Recht und zu Unrecht? Warum nehmen Angststörungen gerade in wohlbehüteten Staaten so zu? Wie verändert die Corona-Epidemie die Fieberkurve der Angst?

K&S übermorgen • ISBN: 978-3-218-01238-6 • 18,00 €

morgen über

**Jaqueline Scheiber**
# Offenheit

## Ein Plädoyer für Zwischentöne in einer lauten Welt

Jaqueline Scheiber öffnet jeden Tag ein virtuelles Fenster zu ihrer Welt. Sie reflektiert präzise, warum sie es für unerlässlich hält, die eigene Stimme zu erheben und gehört zu werden. Dabei beschreibt sie den Balanceakt zwischen Öffentlichkeit und Privatheit und tritt den Beweis an, dass „radical softness as a weapon" (Lora Mathis) die Basis für ehrlichen Austausch, empathische Auseinandersetzung und echte Veränderung ist.

K&S übermorgen • ISBN: 978-3-218-01237-9 • 18,00 €

morgen übermorgen

# Christian Berger
# Sorge

Sorge ist das ökonomische Fundament
dessen, was wir als (Markt-)Wirtschaft
verstehen, aber auch ein zweifelnder Blick
in eine ungewisse Zukunft.

Christian Berger liefert eine fundierte Analyse einer Sollbruchstelle
unserer Gesellschaft, die in seiner Forderung mündet, den Begriff
des Wohlstands radikal neu zu denken, ihn an der Sorge um das
Lebendige, nämlich am Prinzip der Nachhaltigkeit, am Reichtum
sozialer Beziehungen neu auszurichten.

K&S übermorgen • ISBN 978-3-218-01283-6 • 18,00 €

Gedruckt mit freundlicher Unterstützung
der Kulturabteilung der Stadt Wien und
der Abteilung für Kunst und Kultur des Landes Niederösterreich

www.kremayr-scheriau.at

ISBN 978-3-218-01317-8

Copyright © 2021 by Verlag Kremayr & Scheriau GmbH & Co. KG, Wien
Alle Rechte vorbehalten

Linolschnitt, Schutzumschlaggestaltung,
typografische Gestaltung und Satz: Sheila Ehm
Reihen-Konzept & Lektorat: Stefanie Jaksch
Druck und Bindung: FINIDR s.r.o., Český Těšín